理学療法士・作業療法士・看護師を
目指す人のための

教育学入門

土井 進 [著]

ジダイ社

はじめに

理学療法士・作業療法士・看護師をめざす皆さんへ

　皆さんは，念願の医療専門職の道に向かって，学びを開始されましたね。大きな希望を抱いて，さあ，勉強するぞ！　今がその時だ，と心をときめかせて新しい出発をされたことと思います。

　そういう皆さんに，彫刻家で長崎の「平和記念像」の製作者，北村西望（1884-1987）の言葉を贈ります。

　　自分の本当に　好きな事が　見つかつたね
　　一生懸命　やる事です
　　それには自分の心が　清くなければなりません
　　即ちうそや人の迷惑に　なるようではいけません
　　「たゆまざる　歩み　おそろし　かたつむり」
　　　　　　　　　　　　　九十五才　北村西望

　筆者が『教育学入門』の教科書を執筆するにあたり，「教育」や「教育学」を志した初心が一体どこにあったのかを紹介します。

恩師，前田多作先生の人間教育に感銘

　筆者が「教育」に関心を抱くようになった直接の影響は，小学校5，6年の担任をしていただいた前田多作先生[*]の感化を受けてのことであった。先生はある時，クラスで一番勉強が良くできる児童を次のように諭された。

「成績がいくら良くても，挨拶ができないようでは，人間としてはダメなのだ。私の村にも良く仕事ができる人がいるが，村人への挨拶ができないので，村の人からは軽蔑されている。」

筆者はこの話を聞いて，この先生は勉強を教えるだけでなく，私たちがまともな善い人間に育つように，豊かな人間性のある人間を育ててくださろうとしているのだと直覚した。そして，将来は前田先生のような教育者になりたいという夢を抱くようになった。

３年間の子守り体験

農家の６人兄弟の次男として生まれた筆者は，小学校５年・６年・中学１年と３年間にわたって，田植え，稲刈りの忙しい時期に，子守りを体験することになった。この頃から，母は田んぼはみんな兄のものだから，お前は手に職をつけて働きなさいと諭すのが常であった。この教えの通りに，筆者は富山工業高校機械科へと喜び勇んで入学した。

しかし，高校１年の３学期から，手先が不器用な筆者は“ものづくり”を生涯の仕事にすることに自信がもてなくなった。そして，たとえ学校の教師として梲が上がらなかったとしても，生徒を立派に育てる“人づくり”の仕事をすることができれば，その方が生きがいを持てると考えるようになった。

こうして進路の問題に煩悶し，前田先生に相談せずにはおれない気持ちに駆られ，ある夜，９時を過ぎてから，自転車で先生のお宅を訪ねた。不躾な行動であったにもかかわらず，先生は奥座敷に通してくださり，じっくりと話を聴いてくださった。そして，「教育の世界にもいろいろあって，いいことばかりではないが，それでもその道に行きたいというのなら，思い切って進みなさい。『教育』そのものを学ぶには『教育学』という道がある」と針路を指し示してくださった。この日から「教

育学」専攻のある大学に的を絞って，一目散に勉学に励んだ。

東京教育大学教育学部教育学科教育学専攻に入学

　昭和43年4月，念願の東京教育大学教育学部教育学科に入学すること
ができた。当時の教育学科には，どういう学生が入ってきていたかにつ
いて，元東京教育大学教授の大浦猛は次のように述べている。

　「教育学科では，試験の総得点数によって，機械的に上から合格者を
決める事はしなかった。即ち，総点の他に，1科目でも図抜けて優れて
いる事，外国語が極めて優秀である事，高校のトップ・クラスであるこ
と，職業高校の最優秀者である事等をも考慮に入れて，入学候補者とし，
改めて学科の教官全員で投票によって合格者を決める事を，試みたりし
た。」（『東京教育大学教育学部教育学科』学芸図書）

「教育学」の師，唐澤富太郎先生に師事

　入学してすぐに，13講座の教員が交替で教育学研究について語る「教
育参加」という授業があった。この授業の1コマで，聖徳太子の王者的
風格について，仏教哲学をもとに，音吐朗々と講義する先生に圧倒され
た。その先生こそ，唐澤富太郎博士であった。この先生の下で，仏教哲
学に根ざした「教育学」を研究したいと思い，即座に師事することを決
めた。

謝辞

　本教科書は，筆者の強い願いを受けとめてくださったジダイ社の佐々
木隆好社長の深いご理解のおかげで実現しました。ここに心より御礼申

し上げます。

＊前田多作先生は大正３年，富山県立山町の農家の後継として生まれる。昭和10年３月，
家に背いて富山県師範学校本科第二部を卒業し，小学校教員となる。昭和18年７月，
求めて従軍し，ビルマ方面軍司令部，ビルマ日本語学校教諭として勤務。終戦時，
タイ・ビルマ国境山中，泰緬鉄道の地にて抑留。昭和21年７月帰還。教職適性審
査を受ける。学校へ帰る確信を持てず就農と決める。昭和27年６月，健康を害し
て休養。昭和28年９月，願い出て講師採用となり出直し。昭和34年から昭和35年
までの２年間，立山町立日中上野小学校の５年生，６年生の筆者らを担任し，以
後教頭，校長の管理職として小学校教育に尽くし，昭和48年３月に退職し後進に
道を譲る。その後，２年間富山県小学校長会事務局に勤めた後，昭和50年４月帰農。
平成11年１月12日に他界。享年84歳。
主な著作に，『健ちゃんに詫びる』（創栄出版，1988年），『わが愛するビルマ—真
心の人々—』（創栄出版，1990年）がある。

目　次

はじめに／2

第1講　教育の定義 ———————————————————— 12
1．さまざまな場面で用いられる「教育」という用語　12
2．世界最初の『教育学』の著者，近代哲学の祖・カントの定義　12
3．大脳生理学者・時実利彦による定義　13
　（1）教育のねらいは人間形成　13
　（2）三つ子の魂百まで　13
　（3）氏より育ち　14
　（4）やる気　14
4．「教育」の定義を「善さ」「善くする」とした村井実　15
　（1）「善くする」働きとしての教育　15
　（2）「教育」に本質的であること　15
　（3）子どもを「善く」する意図をもって文化伝達と成長を図る　15
　（4）「教育」の困難を人間は自ら引き受けた　16
　（5）職業教育と教養教育　16
　（6）教育学の中心テーマは「善さ」と「善くすること」　17
5．唐澤富太郎が教育学科新入生に語った教育学の定義　17
6．唐澤富太郎の恩師，篠原助市の定義　19

第2講　人間性の座，「知・情・意」の働き ———————— 22
1．人間性とは　22
2．すべての人類に共通な，脳の仕組みの原理　22
3．人間を特徴づけるもの，「知・情・意」の働き　23
4．大脳の前頭前野における「知・情・意」の営み　24
5．知のはたらき　25
6．情のはたらき　26
7．意のはたらき　26
8．「知・情・意」のはたらきを表す言葉　27

9．新皮質系と大脳辺縁系の葛藤　27

10．前頭前野を鍛える　28

第3講　人間形成の産屋，家庭教育 ———————————— 30

1．ヒトから人間へ　30

2．母の真実の愛だけが子どもの心に大きく生きつづけていく　30

3．野口英世の母，シカの手紙　32

4．幼児教育の父，倉橋惣三　34

5．教育基本法　34

6．子どもを歌った万葉の詩人，山上憶良　35

7．子どもたちの文字学習の第一歩は「いろは歌」　35

第4講　生きる力，資質・能力の三つの柱 ———————————— 38

1．生きる力　38

2．資質・能力の三つの柱　39

3．生涯学び続ける基盤となる学力の形成　40

4．学力について　40

5．「学ぶ」ということ　41

6．グループ学習　41

第5講　学習の原理 ———————————————————— 42

1．自発性の原理　42

2．自発性と自主性・自律性の違い　43

3．直観の原理　43

4．直観の原理を世界で最初に教育に取り入れたコメニウス　44

5．ペスタロッチの直観教授　44

6．直感と直観の違い　44

7．「直感や直観の制約」を乗り越える論理の勉強　45

8．内発的動機づけと外発的動機づけ　45

9．練習の原理　46

10．練習と習慣　47

第6講　聖徳太子十七条の憲法にみる人間性の善と悪 ——— 50

1．四か所に用いられている「悪」の字　50

2．四つの「悪」の英訳　51

3．四つの「悪」とその英訳「bad」「evil」「wrong」「bad」　51

4．聖徳太子の善悪一如の人間観・教育観　52

5．十七条の憲法はなぜ十七条なのか　53

第7講　貝原益軒の「醫箴」と『養生訓』——————— 54

1．貝原益軒の生涯　54

2．ヒポクラテスの医学に学んだと考えられる貝原益軒の「醫箴」　54

3．益軒の早教育説　55

4．わが国の伝統的な人間形成の方法　56

5．『養生訓』に学ぶ人間形成の知恵　57

（1）自己治癒力を発揮する　57

（2）天地の恩に報いることが養生　57

（3）人の身体は「気」によって天地と通じている　58

（4）完璧主義ではなく「いささか」で良しとする　58

（5）「欲」を否定せず適切に満たされることを「楽」と呼んだ　59

（6）完璧主義を嫌った　59

（7）択医（医を択ぶ）　60

（8）飲食は七，八分程度でやめよ　60

第8講　二宮尊徳の人格形成と実学思想 ——————— 62

1．二宮尊徳の人格形成　62

（1）自然災害にあい一家の生活困窮　62

（2）譲る心を他者に向ける推譲の実践（徳に報いる）　62

（3）若くして父，母と死別する　62

（4）積小為大という勤労の原理を体得　63

（5）寸暇を惜しんで学ぶ　63

（6）田中に飛龍あり　63

2．二宮尊徳を師と仰ぎ仕えた三大弟子　64

（1）富田高慶　64

（2）福住正兄　65

（3）岡田良一郎　67

3．二宮尊徳の影響を受けた後世の人物　68

（1）明治時代の思想家，内村鑑三　68

（2）日本資本主義の父，渋沢栄一　68

第9講　人類の教師ソクラテスと医学の祖ヒポクラテス —— 72

1．道徳的価値の普遍妥当性を明らかにしたソクラテス　72

2．ソクラテスの「無知の知」と教育のパラドックス　72

3．科学に基づく医学の基礎をつくったヒポクラテス　74

4．ヒポクラテスの誓い　74

5．『ヒポクラテス全集』を翻訳した大槻真一郎　76

6．朝には山を仰ぎ見，夕べには泉の水を見よ　77

第10講　人間形成における"もの"と"こころ" —————— 80

1．"もの"と"こころ"の関係　80

2．"もの"と"こころ"の相即の妙　80

3．"もの"と"こころ"は一如であると観る仏教的世界観　81

4．物となって考え，物となって行う　82

5．漆の原木から唐澤の心眼に写った日本の伝統文化　83

6．"もの"を観る眼力が要求される　84

7．「教育博物館」の実物をスケッチして看取した"こころ"　84

目次　9

第11講　学習指導の三形態 ――――――――――――――― 88
1．寺子屋における個別指導　88
2．教師中心の一斉指導　89
　（1）一斉指導の特色　89
　（2）一斉指導の成立背景　89
　（3）日本の近代小学校への一斉指導の導入　89
　（4）明治時代の絵入り掛図と現代のコンピュータによる情報提示　90
3．学習者主体のグループ指導　90
　（1）ペア学習　90
　（2）3〜6人のグループ学習　90
　（3）カンファレンス　90

第12講　人間形成に関する箴言を活用したグループ学習 ―― 94
1．グループ学習の方法　94
2．偉人26人が人間形成について遺した箴言　94

第13講　『塵劫記』の「三容器の協力関係」 ―――――――― 100
1．高田先生との出会い　100
2．高田先生の学校訪問　101
3．初対面の中学3年生に語られたこと　101
4．数学がきちんとできる頭をつくること　102
5．「三容器の協力関係」　102
6．「三容器の協力関係」の解法　103
7．「三容器の協力関係」の真意　104

第14講　「田定規」を作図し論理的・科学的思考力を鍛える ― 106
1．高田先生の講義　106
2．作図の手順　106
3．有効な線と無効な線の区分け　108

4．何のための「田定規」か　108

第15講　評価の方法 ────────────────────── 110

1．評価の意義　110
2．学生を評価する教員の心得　110
3．相対評価　111
　（1）相対評価の5階階評価　111
　（2）偏差値による評価　112
4．絶対評価　112
5．学習評価　112
　（1）診断的評価　113
　（2）形成的評価　113
　（3）総括的評価　113
6．教育評価　114
7．ポートフォリオを評価するためのルーブリック　114

第16講　人間形成に関する学生の考察 ──────────── 116

　（1）貝原益軒の『養生訓』　116
　（2）聖徳太子の十七条の憲法　117
　（3）学びの三つの柱と体験学習　118
　（4）グループ学習と個人学習　119
　（5）『塵劫記』の「三容器の協力関係」　120
　（6）二宮尊徳　121
　（7）"もの"と"こころ"　122

おわりに／124
索引（用語・人名）／125

第1講
教育の定義

1. さまざまな場面で用いられる「教育」という用語

　教育は，それが行われる場所によって，家庭教育・学校教育・社会教育に分けられる。また，人間の発達段階によって，幼児教育・初等教育・中等教育・高等教育に分けられる。さらに，教育内容によって，普通教育・職業教育に分けられる。職業教育はさらに，医学教育・理学療法教育・作業療法教育・看護教育などに分けられる。

　また，教育における役割によって，教育理念・教育目標・教育目的・教育内容・教育方法などに分けられる。

　教育に関する法規には，教育基本法・学校教育法・社会教育法などがある。日本国憲法では，義務教育は無償とすることが定められている。

　このように「教育」という用語は，さまざまな場面で用いられるが，いったい「教育」とは何であろうか。

2. 世界最初の『教育学』の著者, 近代哲学の祖・カントの定義

　「人間は，教育によってのみ人間となることができる。」[1]

　"DER MENSCH KANN NUR MENSCH WERDEN DURCH

ERZIEHUNG." KANT

　教育史研究家の唐澤富太郎（1911-2004）は昭和43年，自宅の敷地に全国を行脚して収集した教育の実物資料を展示する「教育博物館」を建立し，このカント（1724-1804）の句を教育博物館の精神とした。[2]

3. 大脳生理学者・時実利彦による定義

（1）教育のねらいは人間形成

　「教育のねらいは，申すまでもなく人間形成であります。このことは，人間は形成できるということが前提になっているはずです。この人間形成を可能にするのは，生まれてくる赤ん坊の脳が，きわめて未熟で，何にでも作りあげられるということにあるのです。『人づくり』とか，『人間形成』とか，いっても，少しもおかしくはありません。」[3]

（2）三つ子の魂百まで

　「脳細胞は，生まれてから3歳までと，4，5歳から十歳までの二つの段階に分ける方が話がよくわかります。というのは，この二つの段階で絡みあっている脳細胞は，それぞれ違った場所にあり，そのうえ，それぞれ違った働きをしているからです。

　生まれてから3歳までの間は，示される配線どおりに，何ひとつ文句をいわないで絡みあいをすすめていくのです。示される配線図は，赤ん坊のしょっちゅう接している母親や保育者であり，また赤ん坊をつつむ家庭の環境であります。昔から『三つ子の魂百まで』という諺がありますが，長い間の体験からでたものでしょうが，科学的根拠をもっているといえましょう。結局，赤ん坊をしつけることは，母親や父親，あるいは兄や姉が自分をしつけることにほかなりません。」[4]

第1講　教育の定義　　13

（3）氏より育ち

「私たちの脳の働きのなかで，特に，人間を特徴づけている『新しい皮質』で営まれる高等な精神は環境によって作られるということでありますし，『古い皮質』で営まれる遺伝の影響をつよくうけている心は，『新しい皮質』の精神で十分に統御できますから，私たちの脳の働き方は，環境によって強く左右されているのだと考えてよいわけであります。したがって，『氏より育ち』という諺も，現代に生きていることになります。そして，ここに，私たちが子どもに希望を託して，一生懸命に育て，教育する意欲がわいてくるのです。」[5]

（4）やる気

「教育の効果は，教えられる子どもに教えを受けとめようとする気持ち，つまり，やる気がないと期待できません。そのやる気が，4，5歳ころから芽ばえてくるのですから，この時期を学齢期にしているのは，科学的に見て，きわめて適切なとりきめといえましょう。

このようなわけで，4，5歳から以後の子どもの教育は，つぎこみではなく，子どものやる気を伸ばすようにすることです。そのためには，子どもに，自分で考え，自分でしようとするのに必要な材料を，いろいろととりそろえてやらねばなりません。正しい方向，よい方向へ導いてやらねばなりません。つまり，手をとって教え導くことでして，ここに教育のねらいがあるのです。

教育ということばの英語は education でその語源はラテン語の educare ですが，これは引きだすことです。また，ドイツ語は erziehung といいますが，これも引きだすことです。私たちは使いすぎ，鍛えすぎて，脳細胞がこわれるという心配は毛頭いりません。私たちの脳の働きは，使えば使うほど，鍛えれば鍛えるほどよくなるのです。」[6]

4.「教育」の定義を「善さ」「善くする」とした村井実

（1）「善くする」働きとしての教育

　「教育とは，子ども（あるいは人々）を善くしようとするあらゆる働きかけである。この定義が他の様々な定義と著しく異なっていることは，『善さ』あるいは『善くする』という概念が定義中に使用されているところにある。『教育』が問題であるかぎり，そこに価値的態度が入り込むことをさけるわけにいかないことは明らかである。

　では，『善さ』あるいは『善くする』ということが，なにゆえに『教育』の本質的な性格と言いうるのか。」[7]

（2）「教育」に本質的であること

　「わが子を善くしようと思わない親はいない。若者たちが善く育つことを願わないおとなはいないという事実が，『善さ』あるいは『善くする』ということが，『教育』に本質的であることを示しているのである。人間の長い歴史を貫いて，すべての親やおとなたちは，その子や若者たちが『善く』あることを願い，そのためのあらゆるくふうをこらして彼らに働きかけてきた。この事実をぬきにしては，私たちは，『教育』という仕事を定義するわけにはいかないにちがいないのである。」[8]

（3）子どもを「善く」する意図をもって文化伝達と成長を図る

　「『教育』とは要するに，一方においては『教える』，すなわち文化伝達の行為を指し，しかも同時に，『育てる』，すなわち子どもの成長を図る行為を指すのである。しかも，人間は，一見してほとんど異質的ともいうべき二つの行為について，それを同時に成就する意図を，子どもを『善く』する意図として自覚せざるをえなかったのである。

　『教育』という言葉の独特の意味がここから生じている。また，『教育』

の仕事の独特の困難も，ここから生じている。」[9]

（4）「教育」の困難を人間は自ら引き受けた

「だが，この困難というのは，明らかに，人間がみずから求めて作り出した困難だといってよい。単に『教える』ことだけでもなく，また，単に『育てる』ことだけでもなく，あえて『善く』することを願わざるをえなかったときに，人間はこの困難を進んで選び，かつ引き受けるに至ったのである。そして，その困難の解決を求めて，現代に至るまでの『教育』の長い歴史を作り出してもいるのである。」[10]

（5）職業教育と教養教育

「ソクラテスは，一般に人々が『教育』とよび，それをどうしたらよいかについて論じている活動に，実は二つのものを区別する必要があることを指摘した。彼によれば，一つは，若者を大工や左官や商人に育てるための『職業的技術の教育』であり，もう一つは，大工であれ，左官であれ，商人であれ，それらの人々が，市民あるいは国民，あるいは人間として『善く』あるように育てるための『善さ』（徳）の教育，つまり『一般的教養の教育』であった。

『徳』（アレテー）は，ギリシア語で『善さ』を意味した。刀の切れ味の『善さ』は刀の徳と呼ばれ，人間の身に備わる『善さ』は人間の徳と呼ばれた。この『職業的技術の教育』と『一般的教養の教育』との区別と，それらの相互関係の吟味や探求とは，大学教育における『教養課程』と『専門課程』との関係として，依然，教育研究の一中心となっているのであるが，教育問題についてのこうした分析的認識の端緒は，実はソクラテスによって開かれたのである。」[11]

（6）教育学の中心テーマは「善さ」と「善くすること」

　「子どもを『善く』するということは，現実に即して言い換えれば，『善い農夫』『善い商人』『善い技術者』『善い芸術家』『善い政治家』『善い市民』等にするということであり，要するに，単に道徳的に『善く』あることではなく，生活者として『善く』生きることなのである。もちろんそのためには，道徳的に『善く』あることも必要である。だが，単に道徳原理にかなった生き方，振る舞い方が必要なだけではなく，現実世界での生活者としての経験，知識，技術，あるいは人間や社会や自然についての識見と操作能力等が，同時に備わっていくのでなければならない。そうした諸要件を総合した全体的な人間でありえてはじめて，子どもたちは，『善い人』として育ったと，言いうるのである。

　教育学にとっては，その中心テーマを『善さ』と『善くする』との問題に確固と据えることがいよいよ重要であることはあまりにも明らかというべきであろう。」[12]

5. 唐澤富太郎が教育学科新入生に語った教育学の定義

　唐澤富太郎は昭和45年，東京教育大学教育学科新入生23名に対して，教育学とは何かについて次のように語った。

　「さて，最初に申し上げたいと思いますことは，大学というところは，高校とは違いまして，自分でしっかりと勉強しなければならないところだということであります。高校までの教育は，いわば過保護の時代でありまして，受験勉強のために先生方が，手をとり足をとって勉強させたかと思いますが，大学に入りますと急に解放され，どんなふうにして勉強したらよいか，教育学科に入ったものの，何をどんなふうに勉強したら良いかということに迷うことだろうと思います。とくに教育学という

学科は，高校までにはない学科でありまして，ちょっと見当がつかない学科だと思います。もちろん既に今まで小中高と学校教育を受けてきたのだから，教育というものはどういうものであるかということはわかっているはずですが，しかし，いざ"教育"とは何か，ということになると大変難しい問題だと思います。

　私はここに簡単に教育というのは，"人間形成"Menschen-Bildung ということだと定義してみたいと思いますが，教育学というのは，この"人間形成"についての学問であります。ところがこの"人間形成"というのは，人間をして，本当の人間にまで形成するということでありますが，このことはわかっているようであって，なかなか難しいことだと思います。哲学というものは，ギリシアの昔から"人間とは何か"ということを究明してきたのでありますが，しかし，さて人間とは何かということになりますと，自分は人間であるから，わかりきっていることのようでありますが，しかし，このことほど難しい問題はない。

　そこでいろいろの哲学が生まれてきました。人間は他の動物と違って"道具"を使う動物である。道具は人間の手の延長であって，道具，さらには機械を使う動物であるとか，あるいは人間のみが言葉をもっているとか，あるいはパスカルのように"人間はまことにか弱い一本の葦に過ぎない。しかし，考える葦である"とか，あるいは人間は神と動物との中間的存在である，また仏教では十界互具といって，人間の中には地獄，餓鬼，畜生，修羅，人，天，縁覚，声聞，菩薩，仏という十の世界をもっているというようにいろいろの哲学が生まれてきました。人間は他の動物とは違って理性をもっているという観点から理性哲学が生じたかと思うと，逆に人間は，合理的に割り切れるものではない。非合理性 irrational な生命によってささえられているものであるという生の哲学が生じたり，あるいは実存哲学というように，いろいろの哲学が生じて現在に至っています。

このように "人間" とは何かということが簡単に分かっているようでいて，実は本当に知るということは難しいのであります。いわんや "人間形成" という教育学という学問は，"ある人間" を "あるべき人間" にまで形成する学問でありますので，いわばそれは "形成の学" Bildungs-Wissenschaft という独特の学問領域を占めています。それは物理学や心理学などは，物の法則とか，心の法則を，あるがままの姿において，その法則を明らかにしようという "存在の学問" Seins-Wissenschaft であり，また，倫理学は，あるべき姿，すなわち "当為" Sollen についての軌範の学問で，これは Sollens-Wissenschaft であります。ところが，それに対して教育学というのは，この両方をもっている，いわば Sein-Sollendes-Wissenschaft という性格をもっている "形成の学" Bildungs-Wissenschaftであると思います。」[13)]

6. 唐澤富太郎の恩師，篠原助市の定義

　「比較的に成熟せる前代の人々が，比較的に未成熟な後代の人々の発達を助成しようとの愛からして，未成熟者の自立的活動を目あてとする，意図的，永続的な作用。」[14)]

本文註

1）カント著，三井善止訳『人間学・教育学』玉川大学出版部，1986年，p.318.

2）唐澤富太郎『執念—私と教育資料の収集—』講談社，1970年，p.157.

3）時実利彦『脳と人間』雷鳥社，1968年，p.37. 時実利彦（1909-1973）は岡山県に生まれ，東京帝国大学医学部を卒業。橋田邦彦の門下で生理学を専攻，大脳

第1講　教育の定義　19

生理学が専門。

4）同上書, pp.43-45.

5）同上書, p.29.

6）同上書, pp.47-48.

7）村井実『教育学入門』下, 講談社, 1976年, pp.19-22. 村井実（1922-2024）は佐賀県に生まれ, 広島高等師範学校, 広島文理科大学を卒業。長田新の弟子, 教育哲学が専門。

8）同上書, p.22.

9）村井実『教育学入門』上, 講談社, 1976年, p.26.

10）同上書, p.26.

11）同上書, pp.37-38.

12）前掲7）の書籍, pp.25-28.

13）前掲2）の書籍, pp.220-223.

14）篠原助市『改訂　理論的教育学』協同出版, 1949年, p.43.

第2講
人間性の座,「知・情・意」の働き

1. 人間性とは

　「人間性」の意味を調べると,「人間の本性。人間らしさ。」(新明解国語辞典, 広辞苑) とある。また, 日本語の「人間性」に相当する英語に, human nature と humanity がある。これらの意味も, 人間の本性や人間らしさ, を表しているといえよう。

　人間らしさを具体的に表現した言葉に「社会的動物」(アリストテレス),「理性をもった動物」(ソクラテス),「考える葦」(パスカル),「道具を使う動物」(フランクリン),「遊ぶ人」(ホイジンガ) などがあるが, いずれも群盲象を撫でるたぐいで「人間である姿 (人間性)」, すなわち, 人間の本質の全貌は浮き彫りにされていない。

2. すべての人類に共通な, 脳の仕組みの原理

　「すべての人類に共通な, そして私たちを動物や電子計算機と区別して人間たらしめている『人間である姿 (人間性)』は, どこに求めることができるであろうか。その答えは極めて簡単である。脳の働き方は, 人種や個人によって多少の違いはあるが, 私たちのあらゆる精神を生み出

し，もろもろの行動を操っている脳の仕組みの原理は，すべての人間で同じである。従って，人間の脳の仕組みを調べ，動物の脳の仕組みと比べ，電子計算機の原理と比べて，どこに本質的な違いがあるかということがわかれば，それがとりも直さず『人間である姿（人間性）』であるはずである。

　このことは，古くすでに，医学の祖ヒポクラテス（Hippocrates, 450 BC-377 BC）が『全集』の中に，『人は，脳によってのみ，歓びも，楽しみも，笑いも，冗談も，はたまた，嘆きも，苦しみも，悲しみも，涙の出ることも知らねばならない。

　特に，われわれは，脳あるが故に，思考し，見聞し，美醜を知り，善悪を判断し，快不快を覚えるのである……』と書き残している。」[1]

3. 人間を特徴づけるもの，「知・情・意」の働き

　「夏目漱石の『草枕』の冒頭に，『智に働けば角が立つ。情に棹させば流される。意地を通せば窮屈だ。とかくに人の世は住みにくい。』という文句がある。私たち人間の高等な精神活動である知，情，意を，心にくいまでいいあらわして申し分がない。

　ここで，知とは，知覚，理解，認識などの精神であって，知識，知能ということばで総括することができよう。情とは，喜び，悲しみ，ねたみ，そねみなどの心であって，情操ということばで総括することができよう。そして，意とは，意図し，意欲する精神であって，意志ということばで総括することができよう。

　ここで，ことばの混乱をさけるために，情操ということばについて定義しておこう。ことばには，それに対応する精神活動があるはずである。そこで，まず，私たちの精神活動を分類し，それに適切なことばを対応

させるのが合理的のように考えられる。私たちの精神活動の分類は、それをうみだす脳の仕組みからなされるべきである。

　このような立場で分類すると、情という文字を使った精神活動は、辺縁皮質に生まれながらにして具わっている情動 emotion（快感，不快感，怒り，恐れ）と新皮質で作りだされる情操 sentiment（喜び，悲しみ，ねたみ，そねみなど）との二つに大きく分けることができる。」[2]

4. 大脳の前頭前野における「知・情・意」の営み

　「われわれ人間は，処理された情報をそのままの姿で運動動作として表現するのではなく，とりいれた情報やすでに貯えている情報をいろいろ組合せ（思考すること），足りないものがあれば，さらにとりいれて新しい内容に組みあげ（創造すること），これを言葉や表情や運動動作に託して行動として具現しようと意思決定（意図，意欲する）するのである。これらの思考，創造，意図の精神が大脳の前頭前野で営まれている。

　われわれがある行動をしようと意図し，それが達成されたときに喜びの心を，失敗したときに悲しみの心をいだく。他人と比較して，ひけ目を感じたときに，ねたみ，そねみ，うらみの心がわく。喜び，悲しみ，ねたみ，そねみ，うらみの心を情操というが，同じように，前頭前野で営まれているのである。

　従って，前頭前野は，後方の領域で営まれる情報処理の働きを駆使してよく生きようとしているのである。そして，脳の発達段階で，後方の領域は，生まれてから三歳ころまでに発達するが，前頭前野は五歳ころから十歳ころにかけて発達してくるのである。五歳ころになると，模倣の時期を脱却して，意図的に学習する創造の時期にはいるのである。」[3]

　「前頭前野の働きによって，私たち人間は，『精神的その日暮し』の生

活ではなく，将来に計画をたて，未来に希望をいだいて，いつも前向き
に生きてゆこうとしている。問題を設定して，その解決をはかり，目標
を設定して，その実現や達成に努力しているのである。これらの精神活
動が，とりも直さず，知のはたらきであり，思いをめぐらし（連想，想
像，推理），考え（思考），そして決定（判断）するということである。
あるいは，創意工夫とは創造性ということばでも表現されている。そし
て，これらの知の精神活動を推進する力が，意志力あるいはやる気であ
る。意志力は，プラスの働きをもったものと，抑制するマイナスの働き
をもったものとがあるが，やる気の意志力はプラスの働きをもったもの
である。」[4]

5. 知のはたらき

「『人間はひと茎の葦に過ぎない。自然のなかでもっとも弱いものであ
る。だが，それは考える葦である』『パンセ』，と述べたパスカルは，同
じく次のようにもいっている。『人間はあきらかに考えるために作られて
いる。それが彼のすべての尊厳，彼のすべての価値である。そして，彼
のすべての義務は，正しく考えることである』。

　このように，私たちは，考えるために生まれてきているのであった。考
えることによってのみ人間であるのである。そして，考えるということ
は，ある刺激に対して反射的，機械的に反応するのではなく，過去のい
ろいろな経験や現在えた知識をいろいろ組合せながら，新しい心の内容
にまとめあげてゆく精神活動である。」[5]

6. 情のはたらき

　「私たち人間は，大脳辺縁系で営まれる情動の心（快感，不快感，怒り，恐れ）のほかに，新皮質のうちで，特に人間でよく分化発達している前頭前野で営まれる情操の心を体得している。即ち，目標の達成や，期待の実現に伴う精神であって，喜びや悲しみ，ねたみやそねみの嫉妬心などである。

　喜びの心は，目標の達成にいっそう拍車をかけることになるし，悲しみや嫉妬心も，期待の実現のために，私たちのやる気をいやがうえにかきたてることになる。従って私たちは，一方では，情操の心にひたることによって，人間としての生きがいを体得することができるが，他方では，情操の心を糧にして，前頭前野の働きをいっそう高めることができるのである。

　普通よく，情操の心は，音楽や図画・工作や美術などのいわゆる情操教育によって育成されるように考えられているが，どんな教科であっても，情操の心は育成されるのである。児童や生徒をして，授業や学習に喜びの心を体得させることができれば，立派な情操教育がなされているはずである。」[6]

7. 意のはたらき

　「前頭前野で営まれる意志力には，ほかの精神活動を推進するプラスの働きをもったものと，逆に抑制するマイナスの働きをもったものとがある。前者は，推進力であって，意欲とかやる気ということばで表現されている。後者は，抑制力であって，抑止力とか忍耐力ということばで表現されている。なお，根気ということばがよく使われているが推進力

や抑制力がどれくらい持続するかという耐久力，持続力と考えてよかろう。」[7]

8.「知・情・意」のはたらきを表す言葉

知：知覚，理解，認識，知識，知能，分かった，納得した，わがものにする，思考，創造，希望，連想，想像，推理，考える，判断，創意工夫，創造性，学び

情：喜び，悲しみ，ねたみ，そねみ，情操，怒る，情緒，腹が立つ，うらやましい，快感，不快感，恐れ

意：意図，意欲，意識，意志力，やる気，抑制力，忍耐力，耐久力，持続力，がまん，意地

9. 新皮質系と大脳辺縁系の葛藤

「私たち人間も，新皮質と辺縁皮質という二つの精神の座をもっているのである。そして，この二つの脳は，それぞれが勝手放題に働いているのではなく，二つの皮質で営まれる精神の間には，きびしい葛藤がみられるのである。つまり，動物的だといえるたくましく生きてゆくための辺縁皮質に宿る本能の欲求と情動の心は，新皮質に宿る理知的な高等な精神によって，適切に抑圧されているのである。この抑圧があまり強いと辺縁皮質の働きを乱すことになる。欲求不満（フラストレーション）はその一つの状態であって，新皮質からの抑圧がとりも直さず精神のストレスである。いうまでもなく，新皮質の抑圧の働きは，前頭前野の意志力によっているのである。

私たち人間だけが，酒を飲み，歌と踊りのなかのリズムを求めているのは，とかく歪みがちな辺縁皮質を，新皮質をよろめかすことによって保護するために工夫した生活の知恵である。」[8]

10. 前頭前野を鍛える

　医学者で脳科学が専門の川島隆太は，前頭前野を鍛えることで，歳をとるほどよりよい脳になると指摘している。生涯を通して，人間性や自分らしさを磨き上げることができると考えられる。

　「前頭前野のピークは20代で後は脳トレをしても緩やかに下降していくことになりますが，知恵や知識のピークは60〜80代でピークを迎えるといわれています。前頭前野の機能低下をこの知恵や知識で補強していくことで，歳をとるほどより高次な脳に育てていくことになります。

　いつまでも人間が人間らしくあるためには，前頭前野を鍛えること。そのためには生涯を通して浴びるように学習をし，人と交流をして，自分で自分の身の回りのことを丁寧に行うこと。たっぷりと睡眠をとり，体を動かし，バランスの良い食事をとること。それらが複合的に作用して，歳をとるほどよりよい脳になるのです。」[9]

本文註

1）時実利彦「人間とは何か」時実利彦編著『教育学叢書第20巻　情操・意志・創造性の教育』第一法規出版, 1969年, pp.8-9.

2）同上書, pp.11-12.

3）時実利彦「人間を操る大脳の機能」『岩波講座　哲学Ⅲ　人間の哲学』岩波書店,

1968年, p.64.

4）前掲1）の書籍, p.148.

5）同上書, p.147.

6）同上書, p.201.

7）同上書, p.191.

8）同上書, pp.139-141.

9）川島隆太「20歳がピーク!?脳の司令塔「前頭前野」の働き」アクサ生命ホームページ『人生100年の歩き方』2023年12月28日.（https://www.axa.co.jp/100-year-life/health/20231228o/）

第3講
人間形成の産屋，家庭教育

1. ヒトから人間へ

　ヒトとして生まれた赤子が，人間として成長していく産屋が家庭である。ここで両親の愛情に包まれて，人としての道を訓えられることによって，人間として成長していくことができる。赤子にとっての最初の先生は，母親であるといえよう。

　「われわれは，いわば2回この世に生まれる。1回目は存在するために，2回目は生きるために。つまり，最初は人間として，次は男性，女性として生まれる。」（ルソー『エミール，または教育について』）

2. 母の真実の愛だけが子どもの心に大きく生きつづけていく

　「幼児・児童は極めて可塑性の高い存在であり，また模倣性の最も強い時代である。"子どもを見れば母親がわかる"といわれるほど，母親の子どもに対する影響は大きい。したがって未来に対する可能性と期待がもたれる。しかし，幼児・児童は一面きわめて弱い存在である。従ってそれだけ彼らに対する保護と指導という配慮が重要になってくる。しかもこの幼児期のあり方が，その後の人生に密着する要素が非常に多い。

われわれが大人になってから振り返ってみたとき，その多くが実は幼児，児童期のうちに萌芽していたことを知るであろう。古来『三つ子の魂百までも』といわれるゆえんである。それ故たとえば幼児期に歪んだ生活を過ごす人間は，あたかも曲がった苗木がその曲がったまま生長するように，歪みの上に成長していくことになる。ここにどうしても幼児期における豊かな愛情と聡明な叡智による保護と指導が重要性を帯びてくるのである。

　家庭教育上，母親の占める役割は大きい。事実子どもは生まれ落ちたときから母の乳房と愛の抱擁の中で育つ。この出発点からして子どもは母に対して父親には感じられない血の通いを理屈なしに感じており，その大きな慈愛の中に何のおそれもなく身をゆだねて成長するのである。いわゆるスキンシップはこうして母と子との間に萌芽する。それ故に成長してからも，母親に対して子どもは父親よりも遥かに大きな親近感を感じ，甘えを感じるものである。母と子との絆は，とくに大人になるまでのそれは，父と子のそれの何倍かの強さで結ばれており，父親の容喙する余地のないことさえある。

　このことは，戦争中若き生命を国家に捧げた若鷲といわれた人たちが，最後の手記に例外なく，"お母さん"と叫び，母親のふところに帰ることを夢みて死んでいったことによくあらわれていよう。こうなると母の力は全く偉大であるというよりほかないのである。（『きけ　わだつみのこえ』『雲ながるる果てに』参照）

　その母は，たとえ教育がなくても，無知であっても，美人でなくても，子どもにとっては絶対であり，かけがえのないものなのである。母の真実の愛だけが子どもの心に大きく生きつづけていくのである。

　教育のない多くの母親からも立派な子どもが生まれている。要するに正しい愛情の中で育てば，たとえ無学でも貧乏でも，子どもはそれとは関わりなしに成長するのである。」[1]

3. 野口英世の母，シカの手紙

野口英世の母シカが，アメリカで研究を続ける英世に帰ってきてほしいと書いた手紙の原文が今も残っている。[2]

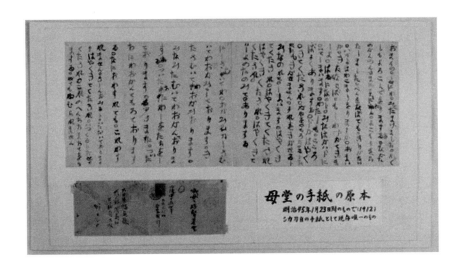

原文

おまイの ○ しせにわ ○ みなたまけました ○ わたくしもよろこんでをりまする ○ なかたのかんのんさまに ○ さまにねん ○ よこもりを ○ いたしました ○ べん京なばでも ○ きりかない ○ いぼし ○ ほわこまりをりますか ○ おまいか ○ きたならば ○ もしわけかてきましよ ○ はるになるト ○ みなほかいドに ○ いてしまいます ○ わたしも ○ こころぼそくありまする ○ ドかはやく ○ きてくだされ ○ かねを ○ もろた ○ コトたれにもきかせません ○ それをきかせるトみなのまれて ○ しまいます ○ はやくきてくたされ ○ はやくきてくたされはやくきくたされ ○ はやくきてくたされ ○
いしよのたのみて ○ ありまする

にしさむいてわ ○ おかみひかしさむいてわおかみ ○ しております ○ きたさむいてわおかみおります ○ みなみたむいてわおかんております ○ ついたちにわしをたちをしております ○ ゐ少さまに ○ ついたちにわおかんてもろておりまする ○ なにおわすれても ○ これわすれません ○ さしんおみるト ○ いただいておりまする ○ はやくきてくたされ ○ いつくるトおせてくたされ ○ これのへんちちまちてをりまする ○ ねてもねむられません

現代語訳[3]

お前の出世には皆たまげました。私も喜んでおります。

中田の観音様に夜籠りをしました。

勉強はいくらしてもきりがありません。

烏帽子（という村からのお金の催促）には困っていますが，（お前が戻って）きたら申しわけができましょう。

春になると皆，北海道に行ってしまいます。

私も心細くなります。

どうか早く（帰って）来てくだされ。

お金を（送って）もらったことは誰にも聞かせません。それを聞かせると，みんな呑まれてしまいます。

早く（帰って）来てくだされ。

早く（帰って）来てくだされ。

早く（帰って）来てくだされ。

早く（帰って）来てくだされ。

一生の頼みであります。

西に向いては拝み，

東に向いては拝んでおります。

北に向いては拝んでおります。

南に向いては拝んでおります。

ついたちには，塩断ちをしております。

栄昌様についたちには拝んでもらっています。何を忘れてもこれは忘れません。

写真をみると拝んでいます。早く（帰って）来てくだされ。この返事を待っています。ねても眠れません。

4．幼児教育の父，倉橋惣三

「幼稚園とは言葉通りに園である。花園は種子をまいてそれが次第に成長して伸びていくところである。そのためには園長の限りない心尽くしが必要である。しかも園児自身は自ら成長していくことのできる力をもっている種子でなければならない。この種子が柔らかに耕された地にまかれなければならない。そこが幼稚園であって，なにか外から子どもに教えたり，あるいは子どもを特別なものに育てあげたりするところではない。できるだけのびのびとした自然の発達を遂げさせなければならない。この幸福を子どもに与えるところにほかならない。

そのためには子どもを十分広いところで運動させることが必要である。常に動き，働き，活動することに対して満足を与えていくこと，したがって子どもの遊びほど幸福でまた貴いものはない。」[4]

5．教育基本法

第10条（家庭教育）

父母その他の保護者は，子の教育について第一義的責任を有するもの

であって，生活のために必要な習慣を身に付けさせるとともに，自立心を育成し，心身の調和のとれた発達を図るように努めるものとする。

第11条（幼児教育）

　幼児期の教育は，生涯にわたる人格形成の基礎を培う重要なものであることにかんがみ，国及び地方公共団体は，幼児の健やかな成長に資する良好な環境の整備その他適当な方法によって，その振興に努めなければならない。

6. 子どもを歌った万葉の詩人，山上憶良

　　銀も　金も玉も　何せむに

　　勝れる宝　子に及めやも

　　いずくより　来たりしものぞ　まなかいに

　　もとなかかりて　安いしなさぬ

7. 子どもたちの文字学習の第一歩は「いろは歌」

　「いろは歌」は仏教思想をわかりやすく表したもので，次の漢字四句の偈を，仮名文字47字を一回ずつ使って作られている。平安中期以後の作といわれ，子どもたちの文字学習は「いろは歌」が第一歩であった。

諸行無常・是生滅法・生滅滅已・寂滅為楽

　諸行無常　いろ（色）はにほ（匂）へと　ちり（散）むるを

是生滅法　わが（我）よ（世）たれぞ　つね（常）ならむ
生滅滅已　うゐ（有為）のおく（奥）やま（山）けふこえ（越）て
寂滅為楽　あさき（浅）ゆめ（夢）み（見）じ　ゑひ（酔）もせず

本文註

1）唐澤富太郎・平井信義・祖父江孝男『日本人と教育』帝国地方行政学会, 1974年, pp.42-44.

2）野口英世記念館ホームページ　https://www.noguchihideyo.or.jp/about/exhi05.html

3）「野口シカの手紙」猪苗代町絆づくり実行委員会『あなたに伝えたい想いがある　母から子への手紙』幻冬舎, 2003年, pp.212-213.

4）倉橋惣三『幼稚園雑草』上下, フレーベル館（倉橋惣三文庫）, 2008年.

第4講
生きる力，資質・能力の三つの柱

1. 生きる力

　「生きる力」は，中央教育審議会第一次答申「21世紀を展望した我が国の教育の在り方について」（1996年）において提言されたものである。そこにおいて，これからの子どもたちに必要となる「生きる力」の例として，次のような内容が示された。

① 「生きる力」は，これからの変化の激しい社会において，いかなる場面でも他人と協調しつつ自律的に社会生活を送っていくために必要となる，人間としての実践的な力である。それは，紙の上だけの知識でなく，生きていくための「知恵」とも言うべきものであり，我々の文化や社会についての知識を基礎にしつつ，社会生活において実際に生かされるものでなければならない。

② 「生きる力」は，単に過去の知識を記憶しているということではなく，初めて遭遇するような場面でも，自分で課題を見つけ，自ら考え，自ら問題を解決していく資質や能力である。これからの情報化の進展に伴ってますます必要になる，あふれる情報の中から，自分に本当に必要な情報を選択し，主体的に自らの考えを築き上げていく力などは，この「生きる力」の重要な要素である。

③「生きる力」は，理性的な判断力や合理的な精神だけでなく，美しいものや感動する心といった柔らかな感性を含むものである。さらに，よい行いに感銘し，間違った行いを憎むといった正義感や公正さを重んじる心，生命を大切にし，人権を尊重する心などの基本的な倫理観や，他人を思いやる心や優しさ，相手の立場になって考えたり，共感することのできる温かい心，ボランティアなど社会貢献の精神も，「生きる力」を形づくる大切な柱である。

④そして，健康や体力は，こうした資質や能力などを支える基盤として不可欠である。

このような「生きる力」を育てていくことが，我が国における教育の在り方の基本的な方向となっている。

2. 資質・能力の三つの柱

「生きる力」をより具体化するために，子どもたちに必要な力として，学校教育法第30条第2項に「学力の三要素」が規定された。小中学校の学習指導要領は平成29年に，高等学校の学習指導要領は平成30年に改訂され，次のア・イ・ウの「資質・能力の三つの柱」にもとづく力を育成することが，小中高の教育課程全体を通して，共通して取り組まれることとなった。

ア．実際の社会や生活で生きて働く「知識及び技能」

イ．未知の状況にも対応できる「思考力，判断力，表現力など」

ウ．学んだことを人生や社会に生かそうとする「学びに向かう力，人間性など」

3. 生涯学び続ける基盤となる学力の形成

教育基本法第3条（生涯学習の理念）

　国民一人一人が，自己の人格を磨き，豊かな人生を送ることができるよう，その生涯にわたって，あらゆる機会，あらゆる場所において学習することができ，その成果を適切に生かすことのできる社会の実現が図られなければならない。

学校教育法第30条第2項（学力の三要素）

　生涯にわたり学習する基盤が培われるよう，基礎的な知識及び技能を習得させるとともに，これらを活用して課題を解決するために必要な思考力，判断力，表現力その他の能力をはぐくみ，主体的に学習に取り組む態度を養うことに，特に意を用いなければならない。

4. 学力について

　「学力については，単なる知識の集積量によって計られるものではなく，思考力や創造性の精神によって支えられているのである。そして，思考力や創造性の向上は，それを推進する意志力があってはじめてその成果が期待できるのである。知能テストによる知能指数が，必ずしも学力に一致しないゆえんであり，学力の向上には，意志力，やる気の強化が強く要請されるゆえんである。集中力とか持久力とかいうことばが使われるが，前頭前野で営まれる意志力にほかならない。」[1]

　「学力ということばがよく使われる。単なる知識の集積されたものではなく，集積されている知識をいかに活用するかという思考力をいっているのである。いうなれば，自分で自分を教育する能力，即ち自己組織化

の能力であって，このような能力は，私たち人間の新皮質だけですばらしく分化発達している前頭前野の働きによるのである。」[2]

　このように学力の向上には，学ぼうと思う意志力が不可欠である。勉強したい，学びたいと思う心があること，それ自体が能力であり，そうした能力の育成が重要である。

5.「学ぶ」ということ

　「学ぶ」の語源は「まねぶ」で，真似る（模倣）からきている。物事を「学ぶ」ためには，まずは模倣が出発点になる。

6. グループ学習

　「生きる力」「資質・能力の三つの柱」について，小中高までの学習方法と大学生・専門学校生となってからの学習方法を比較しながら，実際にグループで語り合ってみよう。

本文註

1 ）時実利彦「人間とは何か」時実利彦編著『教育学叢書第20巻　情操・意志・創造性の教育』第一法規出版, 1969年, p.191.

2 ）同上書, pp.147-148.

第5講
学習の原理

1. 自発性の原理

　「課題には大なるものから小なるものへと無限の段階があり，小を積んで大をなすところに課題が発展していく最も深い意味がある。約束を違えないこと，それはすでに一つの自由である。欺かないこと，人に迷惑をかけぬこと，物ほしさに争わぬこと，否，礼儀ひとつ守ることすら，それぞれの程度における自由である。そして，一度得た自由は，よし小さかろうと，人格の一歩一歩の確立であり，一度得た自由の行使は，自分の課題を高めていくことを可能にし，より大なる自由への一歩一歩となる。

　だから言う。手近かな小さな課題から始めよ，最初から高望みをしてはならぬ，と。間断なき進歩の原則はこれを要求し，教育理念の実現に近づくためには，小を積んで大をなすという原理に従わなければならない。わけてもそれは，われわれの考え来たった意志教育学の至上の要請である。

　よし小であろうと，自分の決定した道を自己の責任において，自分で歩むものは，大であろうと，他人の示した道を強いられて歩むものに勝ること万々である。自由は自由の実行によってのみ得られる。自由の実行とそれによる自由な意志の修練，それこそ教育の中心着眼点であり，そ

れ以外はこれに比すれば第二第三次的のものである。まことに教育とは，人を自由ならしめることにほかならないし，自由ならしめない教育はよし学生を，歩む百科全書たらしめ得たとて，毫も誇るに足りない。」[1]

2. 自発性と自主性・自律性の違い

「自発性とは，集団や他人等の外部から教唆され，また影響されるのではなく，自己自身の内部に根拠・動機を有する行動特性である。自発性は，しばしば自主性や自律性と同じ意味合いで使われることがある。しかし，自主性や自律性が，集団や他人等の外部的制御及び自己の欲望や利害得失から脱却した，自己規律に基く倫理的傾向をさすのに対して，自発性はそれ以前の内部的にわき起こる行動意欲や行動への動機づけをさしている。」[2]

3. 直観の原理

「直観の原理は，学習対象の具体的な事物・事象・現象の観察による感覚的な印象（イメージ）を端緒とし，しかもその段階にとどまることなく思考活動と結合させ，結果として，対象の本質にかかわる深い認識を成立させていく重要な教育方法の原理としての意味をもっている。この原理を主張する代表的な人物は，コメニウスとペスタロッチをあげることができる。彼らは，言辞をドグマ的に暗記・暗唱させる注入的な教授に疑問を呈し，そこからの脱却をめざして，感覚と認識を結合させていく『直観教授』を提唱した。」[3]

第5講　学習の原理　43

4. 直観の原理を世界で最初に教育に取り入れたコメニウス

　コメニウス（1592-1670）は，現在のチェコスロバキアに生まれた。新しい教育方法を考案し，『世界図絵』（1658年）という絵入り教科書を世界で最初に開発した。直観の原理を教育に活用した最初の人物である。ルソー，ペスタロッチはその後継者である。

5. ペスタロッチの直観教授

　ペスタロッチ（1746-1827）が実践した object lesson という教育方法は，直観教授，実物教授と訳されている。ペスタロッチの直観教授は，明治時代にアメリカ経由で日本に紹介され，明治初期の小学校では，各教科の授業は絵入りの掛図を中心に進められた。現代では絵や写真をプロジェクターで拡大して提示するという教授法が一般化しているが，これも直観教授の一つといえよう。

　ペスタロッチは，「知」の出発点は「直観」から始めるべきであるとした。そして，「直観」から「概念」に達するためには，「形」「数」「語」を教えることが重要である。すなわち，対象の「形」を知り，その「数」を知り，また，これらを表現する「語」を習得することが学習の基本であるとした。ペスタロッチが説いた学習指導の原理は，「一時一事」「一歩一歩ニ進メ」であった。

6. 直感と直観の違い

　「直感とは，物に出会ったときに，考慮もせず，霊感で判断すること

をいう。別の表現では，動物的な直覚で即座に判断することをいう。さらに言い換えると，間接的に知るのではなく，事実を前にして，自分がぶつかって直接的に知ることをいう。自分の目で出会ったことをもとに，自分で直接的に規定する捉え方である。間接的でない自分が感じ取った印象であるといえる。

これに対して，直観とは直感で感じ取った情報，すなわち，眼・耳・鼻・舌・身の五感が直接的に感じ取った情報を，眼（視覚）・耳（聴覚）・鼻（嗅覚）・舌（味覚）・身（触覚）という五つの感覚器官を通して認識したものが直観である。直接的な直感の知識やそれをもとに感覚器官で認識された直観の知識には，必ず制約がついてまわる。Outline という制約がついてまわる。」[4]

7.「直感や直観の制約」を乗り越える論理の勉強

「『直感や直観の制約』を乗り越えて判断しなければならないときに要求されるのが，論理（logic）である。直感や直観に制約されないで，それを拡大して判断を誤らないための勉強をしないと，自分の見たものだけが世界だと思ってしまう誤りをおかすからである。論理学には，演繹論理学と帰納論理学がある。」[5]

8. 内発的動機づけと外発的動機づけ

「内発的動機づけと外発的動機づけの違いは，学習者の『目標』がどこにあるかによる。すなわち，内発的動機づけとは，学習者が学習すること，それ自体を目標として意欲的に学習を実現していく過程のことをい

第5講　学習の原理　45

う。これに対して，外発的動機づけとは，学習者の目標が学習すること，それ自体ではなく，学習の結果としてよい成績をとり，教師や親に褒められることが大切な目標となっている場合をいう。

『自発性』の観点から，内発的動機づけと外発的動機づけを区別すると次のようになる。内発的動機づけは，自ら進んで学ぼうとする『自発性』と意志力によって，学習が実現されていく過程をいう。

これに対して，外発的動機づけには『自発性』はなく，他者からのプレッシャーによって，不本意ながら学習に取り組む過程をいう。『自発性』を重視した内発的動機づけのことを，『自ら学ぶ意欲』という。」[6]

9. 練習の原理

練習（drill）とは，知識や技術を本質的に自分のものとする，すなわち我がものとするために，学習した内容について，もう一度自分なりの方法で試してみたり，同様の方法で別の課題に取り組んでみたりと，試行錯誤することをいう。

練習には量的拡大と質的転換の二つの方法がある。漢字の練習をしている子どもに，もう一時間がんばって全部覚えなさい，というのは練習を量的に拡大することである。一方，漢字を覚えるのに，へんやつくりに仕分けて，へんやつくりごとにまとめて漢字を覚えなさい，というのは質的に転換した取り組みであるといえよう。

仕事の能率を上げるのに量的拡大だけでは進歩が望めないときは，仕事のやり方を質的に転換することによって成果が上がる場合がある。

10. 練習と習慣

「すべて精神作用は，反復によって固定し，学習したことは練習によって身についた能力となる。これによって教育上，練習が重視されてきた所以であり，反復は学習の母である，といわれる。

貝原益軒も『童子訓』において，『四書を毎日百字づつ百ぺん熟誦して，そらに読み，そらに書くべし。字のおき所，助字のあり所，ありしにたがはず，おぼえよむべし。』と述べて，練習による記誦を特に重視した。

練習は第一に，学んだ材料を銘記（記憶）させる。

第二に，練習は直観及び思考の力を強める。すべての能力は，反復練習することによって強められるからである。

第三に，練習は行動を正確迅速にする。

第四に注意，努力等の態度を確立する。要するに，練習によって，習得した内容は確実に保持され，内容の獲得に必要な諸々の精神作用は強まり，行動はたしかになり，同時に対象に対する一定の態度が確立される。」[7]

経済学者で第 7 代慶應義塾長の小泉信三（1888-1966）が学生の指導でよく用いた言葉に「反復練習が不可能を可能にする」（practice makes perfect）がある。

本文註

1）篠原助市『改訂　理論的教育学』協同出版, 1949年, pp.440-461.

2）助川晃洋「自発性・自己活動の原理と内発的動機づけの理論」根津朋美・吉江森男編著『教育内容・方法』培風館, 2010年, p.126.

3）助川晃洋「直観の原理と具体性の原理」同上書, p.124

4）土井進・河野幸枝「直感の制約を乗り越える論理の勉強」『昭和天皇の側近　木下道雄侍従次長に師事した髙田豊寿の「社会形成力」講義100選』青山ライフ出版, 2023年, p.185.

5）同上書, p185.

6）櫻井茂男「内発的動機づけ・外発的動機づけ」今野喜清・新井郁男・児島邦宏編『第3版　学校教育事典』教育出版, 2014年, pp.610-611.

7）篠原助市「練習と習慣」前掲1）の書籍, pp.412-413.

第6講
聖徳太子十七条の憲法にみる
人間性の善と悪

1. 四か所に用いられている「悪」の字

十七条の憲法は，聖徳太子が制定した全十七条からなる日本最初の成文法である。十七条の憲法には，四つの「悪」の字が用いられている。以下に示す第二条，第六条，第九条に使われている「悪」の字を確認し，その意味を考えてみよう。

二に曰く，篤く三宝を敬え。三宝とは，仏と法と僧なり。すなわち四生の終帰，万国の極宗なり。いずれの世，いずれの人か，この法を貴ばざらん。人，はなはだ悪しきもの少なし。よく教うるをもって従う。（以下略）

六に曰く，悪を懲らしめ善を勧むるは，古の良き典なり。ここをもって，人の善を匿すことなく，悪を見てはかならず匡せ。（以下略）

九に曰く，信はこれ義の本なり。事ごとに信あるべし。それ善悪成敗はかならず信にあり。（以下略）

人間社会において，「悪」がはびこり，正直者が泣き寝入りしなければならないようでは，世の中は治まらない。人々が安心して社会生活を送ることができるためには，勧善懲悪，信賞必罰という法が実行されなけ

ればならない，と聖徳太子は説いている。

2. 四つの「悪」の英訳

　幕末・明治期の英国の外交官，W.G.アストン（1841-1911）は，十七条の憲法を英訳した。第二条，第六条，第九条に使われている四つの「悪」をどのように英訳しているかを確認し，その意味を考えてみよう。

　II. Sincerely reverence the three treasures. The three treasures, viz. Buddha, the Law and the Priesthood, are the final refuge of the four generated beings, and the supreme objects of faith in all countries. What man in what age can fail to reverence this law? Few men are utterly bad. They may be taught to follow it.

　VI. Chastise that which is evil and encourage that which is good. This was the excellent rule of antiquity. Conceal not, therefore, the good qualities of others, and fail not to correct that which is wrong when you see it.

　IX. Good faith is the foundation of right. In everything let there be good faith, for in it there surely consists the good and the bad, success and failure.

3. 四つの「悪」とその英訳「bad」「evil」「wrong」「bad」

　日本語では「悪」という一字であるが，アストンは「悪」という一字を四通りに翻訳している。人間はどのような人も，「間違い」や「過ち」

第6講　聖徳太子十七条の憲法にみる人間性の善と悪　51

はつきものである。このような「悪」は，注意して正せば直るものである。このような「悪」をアストンは「wrong」と翻訳した。

これに対して，他人の善を匿し，自分の悪を正当化するような「悪質な悪」は，注意して直るようなものではないので，アストンはこれを「evil」や「bad」と翻訳している。このような悪に対しては厳しく懲らしめなければならない，と聖徳太子は説いている。

アストンは「悪」という漢字一字の字義を詳しく理解することに努め，これを英国人が理解しやすいように翻訳するために刻苦精励し，日本語に通達したことがうかがわれる。

4. 聖徳太子の善悪一如の人間観・教育観

聖徳太子は，十七条の憲法の第十条において，「人みな心あり。心おのおの執るところあり。かれ是とすれば，われは非とす。われ是とすれば，かれは非とす。われかならずしも聖にあらず。かれかならずしも愚にあらず。ともにこれ凡夫のみ。是非の理，誰か，よく定むべけんや。あいともに賢愚なること，鐶の端なきがごとし。」[1] と述べている。

このように，聖徳太子は，人間には「間違い」や「過ち」すなわち「wrong」はつきものであるから，「wrong」は，よく教えることによって正すことができる。しかし，他人の善を匿すような「悪質な悪」すなわち「evil」や「bad」に対しては，正すことができないので懲らしめなければならない，と説いている。ここに聖徳太子は，どの人にも，人間性には善と悪の両面が同時に具わっている（善悪一如）が，他人の「善」を匿して，己の「悪」を目立たないように工作するような「悪質な悪」に対しては，厳しく懲らしめなければならない，という人間観・教育観をもっていたことがわかる。

5. 十七条の憲法はなぜ十七条なのか

　十七条の憲法の成立は，『日本書紀』には，推古天皇12年（西暦604年）の４月に，聖徳太子が「みずから肇て憲法十七条を作りたまいき」と記されている。

　仏教学者の中村元（1912-1999）は，「この憲法の十七という数について所説ある。いまその代表的なものを紹介すれば，『管子』に『天道は九をもって制し，地道は八をもって制し，人道は六をもって制す。天をもって父と為し，地をもって母と為し，もって万物を開き，もって一統を総ぶ』とあることから，十七条とは，その九と八との合数をとって天地の道にかない，万物を開き，一統を総ぶる意を寓したもの」[2]と述べている。

本文註

1 ）「十七条の憲法」中村元責任編集『日本の名著２　聖徳太子』中央公論社，1970年，pp.409-415.

2 ）土井進・河野幸枝「聖徳太子，人の「善」を匿すことが「悪」」『昭和天皇の側近　木下道雄侍従次長に師事した高田豊寿の「社会形成力」講義100選』青山ライフ出版，2023年，p.154.

第7講
貝原益軒の「醫箴」と『養生訓』

1. 貝原益軒の生涯

　貝原益軒（1630-1714）は，藩主黒田氏の居城がある福岡で生まれた。父は藩主に仕える祐筆（書記官）であった。益軒は医学を志し，25歳から2年間長崎で学び，医者になった。しかし，39歳で進路を変え，黒田藩三代の藩主に新興の儒学を進講する儒臣となった。その学問的基盤を築いたのが，28歳から35歳までの京都遊学であった。この間に朱子学と本草学の研究に専念した。71歳で致仕（定年退職）してからは，『和俗童子訓』（1710年）や『養生訓』（1712年）などの教育書の出版に専念した。これらの書物はひらがなで書かれ，「貝原もの」とよばれて広く普及した。1714年，妻の後を追うようにして85歳の長寿を全うした。

　辞世の句は，「越し方は　一夜ばかりの　心地して　八十路あまりの夢を見しかな」であった。

2. ヒポクラテスの医学に学んだと考えられる貝原益軒の「醫箴」

　東海病院院長の江本秀斗は，医師の職業倫理について書かれた「ヒポクラテスの誓い」は，日本でも江戸時代の蘭方医によって伝えられてお

り，貝原益軒の「醫箴」や杉田玄白の「形影夜話」には，現代でも十分に通用する重みのある言葉で，医師としてのあるべき姿が明確に述べられている，と述べている。[1]

益軒が長崎でオランダ医学（蘭学）を学んでいる時に，医聖ヒポクラテスの教えに接する機会があったことは十分に推測できる。ヒポクラテスの著名な文書に「ヒポクラテスの誓い」「予後論」「箴言」「空気，水，場所について」があるが，これらの書物の影響を受けて，益軒もまた医師としての心得を「醫箴」としてまとめたものと考えられる。

貝原益軒　醫箴

「醫とならば，君子醫となるべし。小人醫となるべからず。君子醫は人の為にす。人を救ふに志専一なるなり。小人醫はわが為にす。我身の利養のみ志し，人を救ふに，志専ならず。醫は仁術なり。人を救ふを以て志とすべし。是，人の為にする君子醫なり。人を救ふに志しなくして，只，身の利養を以て志とするは，是，わが為にする小人醫なり。醫は病者を救はんための術なれば，病家の貴賎貧富の隔てなく，心を盡して病をなおすべし。病家より招きあらば，貴賎をわかたず，はやく行くべし。遅々すべからず。人の命は至っておもし。病人をおろそかにすべからず。是，醫となれる職分をつとむるなり。小人醫は醫術流行すれば，我身にほこりたかぶりて，貧賎なる病家をあなどる。是，醫の本意を失へり。」

3. 益軒の早教育説

「およそ小児をそだつるには，はじめて飯をくい，ものをいい，人の面を見て，よろこび・いかる色をしる時より，常にその事にしたがいて，時々におしゆれば，ややおとなしくなりて，いましむる事やすし。ゆえ

に，いとけなき時より，早くおしゆべし。

しかるに，凡俗の知なき人は，小児をはやくおしゆれば，気くじけて
あしく，ただその心にまかせておくべし。後に知恵出てくれば，ひとり
よくなるという。これ必ず愚かなる人のいう事なり。おそくおしゆれば，
悪しき事を久しく見聞きて，先入の言，心の内にはやく主となりては，後
に善きことをおしゆれども，うつらず。故にはやくおしゆれば入りやす
し。

常によきことを見せしめ，聞かしめて，善事にそみならわしむべし。お
のずから善にすすみやすし。悪しきことも少しなる時，はやくいましむ
れば去りやすし。悪長じては去りがたし。」[2)]

W.G.ASTONの英訳（一部分）

"A boy's education should begin from the time when he can eat rice,
speak a little, and show pleasure or anger."

"A HISTORY OF JAPANESE LITERATURE"（1899）p.238

4. わが国の伝統的な人間形成の方法

日本の伝統の中で培われてきた教育方法に，養生・稽古・修養（修行）
がある。この三つの用語は，自己形成，自己への配慮という意味をもっ
ている。この三つの用語に対する英語表記は「Self-cultivation」一つだ
けである。

養生の使用例として最も知られているのが貝原益軒の『養生訓』であ
る。「医者の不養生」という言い方もある。稽古の使用例としては，宮
本武蔵の「百日の稽古を鍛とし，千日の稽古を錬となす」がある。また，
師匠を選ぶことの大切さを説いた言葉に，「三年稽古するよりも，三年

師匠を探せ」がある。世阿弥が能の奥義を記した『風姿花伝』には，年代ごとの稽古のありかたが「年来稽古條々」として示されている。第四期の24〜25歳より32〜33歳までが花の時期であるが，この時期の花は，一時の花で衰えやすいので，この時こそ「初心を忘るべからず」と説いている。

　修養（修行）については，道元の「修証一等」がよく知られている。道元によれば，修養（修行）というのは，ある目的を達成するための手段ではなく，修行のなかに証^{さとり}があるのであって，修行している限りにおいてのみ，証が身に備わってくる。このことを「修証一等」とよんだ。

5.『養生訓』に学ぶ人間形成の知恵

（1）自己治癒力を発揮する

　益軒は『養生訓』において，健康は各自のものであるから，自分でケア（癒す）することが大事であると強調している。カラダのことはカラダに聴いて，自己治癒力を発揮するように勧めている。益軒は，養生とは「気」を養い，天地の「気」と循環して生きることであるという。「足る」ことを知って，身の程を弁^{わきま}えて生活を楽しむことである，と説いている。

（2）天地の恩に報いることが養生

　益軒も妻の東軒もともに蒲柳^{ほりゅう}の質であったため，健康に気を付け，長寿を全うした。益軒は「気」を養い，天地の恩に報いることが養生になると考えていた。

　「およそ人となれる者は，はじめ天地の生理をうけて生まれるのみならず，生まれて後，身を終わるまで，天地の養いをうけて身を保つ。人の

つとめて成すべきことわざは、わが父母につかえて力をつくすは云うに及ばず、一生の間つねに天地につかえ奉りて、その大恩を報じ奉らんことを思うべし。」（貝原益軒『初学訓』）

　「益軒の思想は、すべて『天地の道理』に基準をおいていた。天地によって生み出され、育てられ、つながって生かされている。とすれば、自分の身を傷つけることは『不孝』である。人としてこの世に生まれてきたからには、天地父母に孝を尽くし、人倫の道を実践し、長寿を喜び、人生を楽しむこと」[3]である。ここに『養生訓』の基本旋律があるといえよう。

（3）人の身体は「気」によって天地と通じている

　「『養生訓』によれば、『養生』とは『気を養う』ことである。『気』の循環を良くし、内なる『気（元気）』を滞留させない。腰を正しくすえ、『真気』を丹田に集め、呼吸を静かにする。怒らず、心配せず、口数を少なくし、欲を少なくする。同じ姿勢を続けるのはよくない。一見すると、実践マニュアルに見えるのだが、しかし、単なる肉体の健康管理ではない。そこには『気』を養うことを介した独自の『修養』が語られている。しかし、『修養論』とだけ読むのも適切ではない。やはり、その具体的な知恵の中にこそ、益軒の独自な思想が秘められている。」[4]

（4）完璧主義ではなく「いささか」で良しとする

　「益軒は万事において過剰を嫌った。『中』という。過不足のない『中』。『いささか』ともいう。適切な限度を見定め、欲に振り回されない。『宜しき分量を定める』ことが大切なのである。

　『養生訓』によれば、人の身体は『気』によって天地と通じている。『気』が身体に滞りなく流れていれば、心身共に良好である。流れが滞ると、病が生じる。『気』の減少と滞留が害をもたらす。では、何が原因か。

『内欲』と『外邪』である。」[5]

（5）「欲」を否定せず適切に満たされることを「楽」と呼んだ

「益軒は『欲』を否定しない。むしろ大切にする。正確には欲が適切に満たされることを大切にして，『楽』と呼んだ。いわば，幸福の享受である。人生には，本然の楽しみが三つあるという。

一，正しい道を進み，善を楽しむ。

（身に道を行い，僻事なくして善を楽しむ。）

二，健康で快適に楽しむ。

（身に病なくして，快く楽しむ。）

三，長生きして楽しむ。

（命長くして，久しく楽しむ。）　『養生訓』巻一

益軒は特別な身体運動より歩行を勧める。特に食後の散歩を勧め，同じ場所に長く座っている害を強調している。」[6]

（6）完璧主義を嫌った

「益軒は完璧主義を嫌った。『いささか』でよい。むしろ『いささか』がよい。『いささか』よければ事足りぬ。万事において完璧を求めると，心の負担になり，『楽』がない。禍もここから生じる。また，他人に完璧を求めすぎると，足りないところが気になり，怒りが生じるのでこれも心の負担になる。その他日々の飲食，衣服，家具，住居，草木なども，美を好むべきではない。『いささか』でよい。」[7]

「益軒は，自ら得た学問の知恵を，平易な言葉にして人々に伝える事を願った。人々の暮らしの中で役に立つ実用的な知恵を益軒は『民生日用』という。生を楽しみ，生を長らえる方法，天寿を全うする者は，その方法を知る者であり，天寿をまっとうしえない者は，それを知らない。ならば，その『方法』を知るべきである。」[8]

（7）択医（医を択ぶ）

「才能と技術と仁心とのあるものが医を志すべし。世襲は不可。医は仁術なり。仁愛の心を本とし，人を救うを以て，志とすべし。わが身の利養を，専らに志すべからず。天地のうみそだて給える人を，すくいたすけ，万民の生死をつかさどる術なれば，医を民の司命といい，きわめて大事の職分なり。他術はつたなしといえども，人の生命に害なし。医術の良拙は，人の命の生死にかかれり。人を助ける術を以て，人をそこなうべからず。学問にさとき才性ある人を択んで，医とすべし。医を学ぶ者，もし生まれつき鈍にして，その才なくんば，みずから知りて，早くやめて医となるべからず。」[9]

（8）飲食は七, 八分程度でやめよ

「飲食ものにむかへば，むさぼりの心すすみて，多きにすぐる事をおぼえざるは，つねの人のならいなり。酒・食・茶・湯，ともによきほどと思うよりも，ひかえて七八分にて猶不足に思うとき，早くやむべし。飲食して後には必ず十分にみつるものなり。食する時，十分を思えば，必ずあきみちて分に過ぎて病となる。」[10]

本文註

1）江本秀斗「ヒポクラテスと医の倫理」『医の倫理の基礎知識　2018 年版』2018年.（https://www.med.or.jp/dl-med/doctor/member/kiso/a06.pdf）
2）貝原益軒「和俗童子訓巻之一」石川謙校訂『養生訓・和俗童子訓』岩波文庫, 1919年, p.208.
3）西平直『養生の思想』春秋社, 2021年, pp.108-109.
4）同上書, p.90.
5）同上書, pp.90-91.

6）同上書, p.94.

7）同上書, p.104.

8）同上書, p.108.

9）貝原益軒「養生訓巻第六」前掲2）の書籍, p.124.

10）貝原益軒「養生訓巻第三」同上書, p.68.

第8講
二宮尊徳の人格形成と実学思想

1. 二宮尊徳の人格形成

（1）自然災害にあい一家の生活困窮

　「名は尊徳，通称金次郎。1787（天明7）年7月23日に，相模国栢山村（小田原藩・神奈川県）に生まれる。父は利右衛門，母は田窪某の女なり。時に1791（寛政3）年，尊徳が5歳のときに酒匂川の堤防が決壊し，利右衛門の田畑はことごとく石河原となった。」[1]

（2）譲る心を他者に向ける推譲の実践（徳に報いる）

　「1798（寛政10）年，12歳の尊徳は，病気になった父に代わって，酒匂川の普請（工事のこと）に出た。半人前の仕事しかできなかったので，それを補うために，夜なべをして草鞋を作り，工事現場に持っていき，村人に与えたところ，大いに喜ばれ，礼を言われた。この体験を通して尊徳は，徳に報いる道として，譲る心を他者に向ける推譲の実践を体得した。」[1]

（3）若くして父，母と死別する

　生活困窮の心労で父は，1800（寛政12）年，尊徳が14歳のときに亡くなり，続いて母は，1802（享和2）年，尊徳が16歳のときに亡くなった。

62

一家は離散し，尊徳は伯父万兵衛方にあずけられることになった。

（4）積小為大という勤労の原理を体得

　1804（文化1）年，20歳になった尊徳は，生家にもどり一家の再建に取り組み始めた。村人が捨てた稲の苗を古い用水割（どぶ）を開墾して植え，一俵ほどの米を収穫することができ，大きな力を得た。この体験を通して尊徳は，勤労は常に小を積んで大となす必要がある。例えば百万石の米といえども粒の大なるにあらず。励精小なる事を勤めば，大なる事必ずなるべし，と「積小為大」という勤労の原理を体得した。

（5）寸暇を惜しんで学ぶ

　江戸時代後期は，電気・ガス・水道のどれもない時代である。尊徳は，ご飯や風呂を沸かす燃料を得るために，近くの里山へ出かけ，枯れ枝や落葉を拾って，背負子に積んで帰ってくるのが常であった。寺子屋に学ぶことができなかった尊徳は，その道のりにおいても，柴をかつぎながら寸暇を惜しんで独学で漢籍を学んだ。

　金次郎像が手にしている書物は，『大学』であった。「大学の道は，明徳を明らかにするに在り，民を親しむに在り，至善に止まるに在り。」

（6）田中に飛龍あり

　至誠の真心をもって，一人黙々と農作業に勤しむ尊徳翁の姿を見た小田原藩の藩主大久保忠真候は，その体力・気力・仕事ぶりに感動し，この人物は必ず飛龍となって世に貢献するであろうと，鋭く見抜き，「田中に飛龍あり」と評したと言われる。

　後に大久保候の知遇を得て，尊徳は，下野国芳賀郡桜町の復興事業に尽くした。また，尊徳の優れた実績が江戸幕府にも伝わり，老中水野忠邦によって幕府に召し抱えられ，日光神領復興事業に取り組むことになっ

た。

　尊徳が進める農村改良事業は，「報徳仕法」と呼ばれた。尊徳はこの事業の完成を見ることなく，事業半ばにして没した。享年70歳（古稀）であった。

2．二宮尊徳を師と仰ぎ仕えた三大弟子

（1）富田高慶

　富田高慶（1814-1890）が二宮尊徳師の言行録をまとめた名著が『報徳記』（1883年）である。高慶は，1814（文化11）年に福島県，相馬中村藩の藩士として生まれた。相馬中村藩の復興策を考えるために，17歳で江戸に上った。しかし，遊学10年に及んだが，入門した師の学問はいずれも机上の文字の学問であって，高慶が念願していた経世済民（経済）の具体的は実学問ではなかった。そこへたまたま聞こえてきたのが，二宮尊徳翁の下野国桜町での輝かしい復興事業であった。このうわさを知人から聞いた高慶は，この人こそわが師とすべき人物であると堅く決意して，桜町の陣屋に翁を訪ねたのであった。時に1839（天保10）年6月1日，高慶は26歳であった。

　ところが，予期に反して，入門どころか面会さえも許してもらえなかった。二宮翁の辞退の言葉は，「予は物知りではなく実際家である故，文字を弄する学者などと閑談している暇はない」と。しかし，こう言われたからといって簡単に引き下がるほど浮ついた気持ちで訪ねてきた高慶ではなかった。

　高慶は，それならばと，翁の居られる桜町から南方一里ばかりの下高田村の知人の家に寓居して，そこで寺子屋を始めて自活の道を講ずるかたわら，翁の陣屋にお百度参りをして，入門のことを懇請し続けたのであ

る。この熱意がやがて報いられて，同年9月になって，やっと面会が許
され，入門も許された。実に初めての訪問以来4か月ぶりのことであっ
た。

〇翁が高慶に実学の意義を教えたエピソード

　「入門時の子弟の出会いは，次のようであった。翁は高慶に会われるや，
彼に豆の字を書かせ，自身は実物の豆を持って来させて，『貴君の豆はど
うしても食べられないが，私の豆は食べることができる。そのことは嘘
をつかぬ馬が一番よく知っている。しかして，私の学問とする所は，こ
の豆をつくることなのだ』と教諭されたという。けだし，二宮教学の在
り方の根本を教示して余りある逸話といえよう。」[2]

（2）福住正兄

　福住正兄（1824-1892）は，相模国に生まれ，尊徳を師と仰ぎ，師と
4年間生活を共にした。この間に如是我聞（聴いたことを書きとめるこ
と）した尊徳の知恵の言葉が『二宮翁夜話』（1884年）である。

〇『二宮翁夜話』に学ぶ尊徳の実学思想

　尊徳は，人間は「天地人の三才」によって生かされているので，この
徳に報いることが，人間がこの世に生きていく根本であると考えた。こ
のような考え方を報徳思想という。そして，報徳思想にもとづいて徳に
報いるための具体的な実践のことを実学思想とよんだ。尊徳の実学思想
には，次の四つがある。至誠・勤労・分度・推譲である。

　①至誠

　「それ我が教えは書籍を尊ばず。故に天地をもって経文とす。予が
歌に，音もなく香もなく常に天地（あめつち）は書かざる経を繰り返
しつつ，とよめり。かくの如く日々，繰り返し繰り返して示される天

地の経文に誠の道は明らかなり。かかる尊き天地の経文をほかにして，書籍の上に道を求める学者輩の論説はとらざるなり。よくよく目を開きて天地の経文を拝見し，これを誠にするの道を尋ねるべき也。」（『二宮翁夜話』1．）

②勤労

「翁曰く，大事をなさんと欲せば，小さなる事を怠らず勤むべし。小積もりて大となればなり（積小為大）。およそ小人の常，大なる事を欲して小さなる事を怠り，出来難きことを憂いて，出来易きことを勤めず。それ故ついに大なる事をなすことあたわず。それ大は小を積んで大となる事を知らぬ故なり。たとえば百万石の米といえども，粒の大なるにあらず。万町の田を耕すも，その業は一鍬ずつの功にあり。千里の道も一歩ずつ歩みて至る。山を作るも一もっこの土よりなる事を明らかに弁えて，精を出して小さなる事を勤めば，大なる事必ずなるべし。小さなる事を忽せにする者，大なる事は出来ぬものなり。」（『二宮翁夜話』14．）

③分度

　分度というのは，人々が自分の地位や収入に応じて，生活の節度を立て，節約して有余を生ずるという意味である。例えば，収入が百石の者は五十石に節約した生活をし，五十石の有余を生ずる。一千石の収入がある者は，五百石に節約した生活をし，五百石の有余を生ずる。このように，分度を守って未来に備えた生活をすることにより，家は栄えていくことができる。

「翁曰く，君に安全の守りを授けん。すなわち予が詠める歌なり。

　飯と汁　木綿着物は　身を助く　その余は我を　せむるのみなり

　歌つたなしとて軽視することなかれ。身の安全を願わば，この歌を守るべし。一朝変あるときに，わが味方となるものは，飯と汁，木綿着物のほかになし。これは鳥獣の羽毛と同じくどこまでも味方なり。こ

の他のものは，我が身の敵と知るべし。」（『二宮翁夜話』132.）

④推譲

「たとえば，湯槽の湯のようなもので，これを手で自分のほうにかけば，湯が自分のほうへ来るようではあるが，本当は皆向こうの方へ流れ帰ってしまう。ところが，これを向こうのほうへ推すときは，湯は向こうの方に行くように見えるが，実は自分の方へ流れ帰るものである。少し推せば少なく帰り，強く推せば強く帰る。

仁というのは，向こうへ推す時の名であり，自分の方へかくときは，不仁となる。推譲とは，譲る心を他者に向けて推すことをいう。生じた有余を明日に譲り，明年に譲り，子孫に譲り，公共に譲ることが推譲である。奪うに益なく，与えるに益あり。」[3]

（3）岡田良一郎

岡田良一郎（1839-1915）は，遠江国掛川藩の財産家に生まれた。16歳の時，父の勧めで日光の二宮尊徳の塾に入門し，3年間尊徳の指導を受けた。

「良一郎は1875（明治8）年に村の役職を辞して，報徳社の事業に専念し，1877（明治10）年に邸内の一隅に冀北学舎と名づけた学校を設立し，50〜60人の学生を全員舎内に寄宿させた。冀北学舎の教育方針は，良一郎が学んだ二宮塾を模範としたもので，朝は四季を通じて4時に起床し，ランプを灯して読書し，明るくなってから朝の作業に取り掛かるというものであった。二宮塾にならって冀北学舎も農作業が中心であり，学問は二の次であった。朝の清掃作業が終わると一同母屋で朝食をとった。

学問は，主として英語と漢文であった。1877（明治10）年ころの片田舎の一私塾において，英語教育を実践したことは驚異に値することであった。ここに岡田良一郎の進歩的な教育方針を知ることができる。冀

北学舎における教育の根本精神は，二宮尊徳の実学思想の骨格である至誠・勤労・分度・推譲であった。冀北学舎の卒業生からは，東京帝国大学教授・経済学の山﨑覚次郎をはじめ，多数の官吏，代議士，実業家を輩出した。息子の岡田良平，弟の一木喜徳郎（宮内大臣）もこの学舎で薫陶を受けた。冀北とは，中国の河北省の地名で，良馬を産することで知られていた。冀とは，こいねがうという意味である。」[4]

3. 二宮尊徳の影響を受けた後世の人物

（1）明治時代の思想家，内村鑑三

　二宮尊徳の実学思想は，生前だけでなく没後も日本人の精神形成に極めて大きな影響を与えてきた。明治時代の国定教科書において，最も多く取り上げられたのは，明治天皇と二宮尊徳であった。

　内村鑑三（1861-1930）は，『報徳記』を読んで感動し，尊徳翁の生き方を「勇ましい高尚なる生涯」であると，次のように高く評価した。

　「私が考えてみますに，人間が後世に遺すことのできる，そうしてこれは誰にも遺すことの出来る所の遺物で，利益ばかりあって，害のない遺物がある。それは何であるかならば，勇ましい高尚なる生涯であると思います。これは本当の遺物ではないかと思う。」[5]

　内村鑑三は『代表的日本人』[6]を5人選定し，これを英文で著して世界に紹介した。その中に二宮尊徳が挙げられている。

（2）日本資本主義の父，渋沢栄一

　二宮尊徳と渋沢栄一（1840-1931）は，ともに農家の出身である。渋沢は，道徳と経済の両立（道徳経済合一説）をめざして，「経済なき道徳は戯言，道徳なき経済は罪悪」という哲学の下に，開拓的事業に取り組

んだ。

　明治政府の大隈重信は，渋沢の経済についての力量を高く評価し，1869（明治2）年に大蔵省に抜擢した。渋沢は将来を嘱望されたのであるが，彼の願いは役人になる道ではなく，年来の実業界（殖産興業）への志を貫くため，1873（明治6）年，33歳で大蔵省を辞した。

○渋沢栄一の『論語と算盤』

　「明治6年官を辞して，年来の希望なる実業に入ることになってから，論語に対して特別の関係ができた。それははじめて商売人になるという時，ふと心に感じたのは，これからはいよいよわずかな利益を得て世渡りをしなければならないが，志をいかに持つべきかについて考えた。その時前に習った論語のことを思い出したのである。論語には己を修め人に交わる日常の教が説いてある。論語は最も欠点の少ない教訓であるが，この論語で商売はできないかと考えた。そして私は論語の教訓に従って商売し，利殖を図ることができると考えたのである。…（中略）…私は論語で一生貫いてみせる。金銭を取り扱うことがなぜ賤しいか。君のように金銭を卑しむようでは国家は立たぬ。官が高いとか。人爵が高いとかいうことはそう尊いものでない。人間の勤むべき尊い仕事はいたるところにある。…（中略）…私は論語を最も瑕疵のないものと思うから，論語の教訓を標準として一生商売をやってみようと決心した。それは明治6年の5月のことであった。」[7]

　二宮尊徳の実学思想（至誠・勤労・分度・推譲）を学んで，事業を創業した人物として，次の人々を挙げることができる。

　トヨタ自動車の基礎を築いた豊田佐吉（1867-1930）は遠江国の貧しい農家に生まれる。

　パナソニック創業者の松下幸之助（1894-1989）は和歌山市生まれの

実業家，発明家。

　日本航空名誉会長，京セラ・KDDIの創業者，稲盛和夫（1932-2022）は鹿児島市生まれ，鹿児島大学工学部卒業。致知出版社が令和5年8月24日に稲盛にインタビューした締め括りに，「今日まで86年間歩んでこられて，人生で一番大事なものは何だと感じられていますか？」と質問したところ，稲盛は間を置かず即座に，なおかつ熱を込めて，次のように答えた。

　「やっぱり人生で一番大事なものというのは，一つは，どんな環境にあろうとも真面目に一所懸命生きること。それともう一つは，"自分がよくなりたい"という思いを本能として持っていますけれども，やはり利他の心，皆を幸せにしてあげたいということを強く自分に意識して，それを心の中に描いて生きていくことです。」[8]

本文註

1）黒岩一郎『新講　報徳記』明徳出版社，1967年，pp.29-30.

2）同上書，pp.12-13.

3）唐澤富太郎「二宮尊徳，手本は二宮金次郎」唐澤富太郎編著『図説　教育人物事典』上，ぎょうせい，1984年，pp.266-267.

4）土井進「明治初年の第一級の人材，阪谷朗蘆・岡田良一郎」土井進・河野幸枝『昭和天皇の側近　木下道雄侍従次長に師事した高田豊寿の「社会形成力」講義100選』青山ライフ出版，2023年，pp.100-101.

5）内村鑑三『後世への最大遺物』岩波文庫，1946年，p.54.

6）内村鑑三の挙げた5人は，西郷隆盛―新日本の建設者―，上杉鷹山―封建領主―，二宮尊徳―農民聖人―，中江藤樹―村落教師―，日蓮上人―仏教僧侶―。内村鑑三『代表的日本人』岩波文庫，1941年，pp3-4.

7）土井進「渋沢栄一の『論語と算盤』前掲4）の書籍，p.69.

8）致知出版社ウェブサイト「稲盛和夫が即答した「人生で一番大事なもの」（https://

www.chichi.co.jp/specials/syokai_20210820cp/）

第9講

人類の教師ソクラテスと
医学の祖ヒポクラテス

1. 道徳的価値の普遍妥当性を明らかにしたソクラテス

　ソクラテスは，終生清貧に甘んじつつ，ほとんどをアテネにおいて活動した。思索の眼を人倫道徳の問題に向け，道徳的価値の普遍妥当性を明らかにした。市場・体育館などにおける問答を通して，相手にその無知を自覚させた。真の認識とは，ソクラテスにおいては，実践的能力（徳）そのものを意味した。すなわち，「知行合一」（知るということと行動するということは一体的に関連しているということ）の生き方であった。

　師の偉大さは弟子によって証明される。師ソクラテスの偉大さを証明したのは弟子プラトンであり，また，プラトンの偉大さを証明したのは弟子アリストテレスであった。

2. ソクラテスの「無知の知」と教育のパラドックス

　ソクラテスの言葉に，「唯一の真の英知とは，自分が無知であることを知ることにある」がある。「無知の知」に，学びの原点を据えることによって，私たちはより善い学びへと発展していくことができる。村井実

は，「教育の『パラドックス』を自覚することから，善い教育への道が拓かれる」と以下のように説いている。

　「では，教育におけるパラドックスというのは，どういう形で成り立っているのだろうか。それは，一口に『善さ』，あるいは『善くする』ということをめぐって成り立っていると言うことができる。

　すでに指摘したように，教育とは，もともと，子どもたちを『善く』する働きである。だが，では『善さ』あるいは『善くする』とはどういうことであるかと自ら問うとき，私たちはだれも，絶対的な確信をもってそれに答えることはできない。それにもかかわらず，私たちは，子どもたちを『善く』する意図をもって，不断に子どもたちに働きかけないではおれない。『善い』人間，『善い』知識，『善い』社会，そうしたもののどれについても，私たちは確定的な答えを与えることはできない。それにもかかわらず，私たちは，子どもたちが『善い』人間であり，『善い』知識をもち，『善い』社会，『善い』生活を営むことをねがわないではおれない。それが教育というものなのである。

　だが，このばあい，『善く』するという以上は，『善さ』あるいは『善く』することが何であるかをあらかじめ知っていなければならないというのが常識の立場であろう。字を知っていなければ教えることができない。知っているからこそ教えるのである。ところが，これに対して，人間としての『善さ』あるいは『善い』生き方を教えようとする教育においては，『知っていないけれども教える』『知っていないからこそ教える』ということの正しさもまた認められないわけにはいかない。ここに，教育の基本に，パラドックス的な状況が成立することになるのである。

　ソクラテスの『無知の知』という指摘をみるがよい。ソクラテスによれば，人間にとって最高の教育というのは，『善さ』については自分が無知であるということの知識に子どもたちを導くということであった。もし私たちがソクラテスのこの指摘の重要性を承認するとすれば，私たち

第９講　人類の教師ソクラテスと医学の祖ヒポクラテス　73

は同時に，教育におけるパラドックスの認識の重要性を承認することになるのである。」[1]

3. 科学に基づく医学の基礎をつくったヒポクラテス

　古代ギリシアの医者ヒポクラテス（前460〜前375）は，ソクラテス（前469-前399）よりおよそ10歳年少で，同じくアテネで活躍した。ソクラテスの弟子プラトンは，同時代に実在したヒポクラテスのことを著書『パイドロス』に紹介している。

　ヒポクラテスは科学的な医術を創始し，観察や経験を重んじ，健康，病気を自然の現象と考え，科学に基づく医学の基礎をつくった。医学の祖といわれる所以である。

　『ヒポクラテス全集』は，没後100年ほどたって，ヒポクラス学派の医師たちによって編纂された。著名な文書は，「ヒポクラテスの誓い」「予後論」「急性病の養生法」「箴言」「空気，水，場所について」などで，医の精髄を余すところなく伝えている。貝原益軒にも，長崎でオランダ医学を学んだ成果に「醫箴」がある（第7講参照）。

4. ヒポクラテスの誓い

　『ヒポクラテス全集』には，当時の最高峰であるギリシア医学の姿が書き残されている。そのなかで，医師の職業倫理について書かれた宣誓文が以下に紹介する「ヒポクラテスの誓い」であり，そこに記された医師としてのあるべき姿は，世界中の西洋医学教育において現代まで語り継がれている。

「医神アポロン，アスクレピオス，ヒュギエイア，パナケイア，および
すべての男神・女神たちの御照覧をあおぎ，つぎの誓いと師弟契約書の
履行を，私は自分の能力と判断の及ぶかぎり全うすることを誓います。

　この術を私に授けていただいた先生に対するときは，両親に対すると
同様にし，共同生活者となり，何かが必要であれば私のものを分け，ま
た先生の子息たちは兄弟同様に扱い，彼らが学習することを望むならば，
報酬も師弟契約書もとることなく教えます。また医師の心得，講義その
ほかすべての学習事項を伝授する対象は，私の息子と，先生の息子と，
医師の掟に従い師弟誓約書を書き誓いを立てた門下生に限ることにし，
彼ら以外の誰にも伝授はいたしません。

　養生治療を施すに当たっては，能力と判断の及ぶ限り患者の利益にな
ることを考え，危害を加えたり不正を行う目的で治療することはいたし
ません。

　また求められても，致死薬を与えることはせず，そういう助言も致し
ません。同様に婦人に対し堕胎用のペッサリーを与えることもいたしま
せん。私の生活と術ともに清浄かつ敬虔に守りとおします。

　結石の患者に対しては，決して切開手術は行わず，それを専門の業と
する人に任せます。

　また，どの家にはいって行くにせよ，すべては患者の利益になること
を考え，どんな意図的不正も害悪も加えません。とくに，男と女，自由
人と奴隷のいかんをとわず，彼らの肉体に対して情欲をみたすことはい
たしません。

　治療の時，または治療しないときも，人々の生活に関して見聞きする
ことで，およそ口外すべきでないものは，それを秘密事項と考え，口を
閉ざすことに致します。

第9講　人類の教師ソクラテスと医学の祖ヒポクラテス　　75

以上の誓いを私が全うしこれを犯すことがないならば，すべての人々から永く名声を博し，生活と術のうえでの実りが得られますように。しかし誓いから道を踏み外し偽誓などをすることがあれば，逆の報いをうけますように。」[2]

5.『ヒポクラテス全集』を翻訳した大槻真一郎

　大槻真一郎（1926-2016）は，京都大学でギリシア哲学を講じた田中美知太郎教授の下で学んだ。大槻は，1985年に『ヒポクラテス全集』を日本語版に翻訳した。没後，2017年に『『サレルノ養生訓』とヒポクラテス―医療の原点―』を出版した。本書の中から，ソクラテスの思索とヒポクラテスの思索が関連している箇所を，以下に紹介する。

　「『知恵を愛する』哲学（筆者註，Philosophy は philo-（愛）と -sophy（知恵）より成る）ということ自体，また同時に『良いことをする心』に通じている。science（知ること）と conscience（良心）2 つの言葉の密接な関係がそのことを示している。……（中略）……ヒポクラテスは知恵を愛する哲学精神と立派な医療を行なう実践的な医術精神を同時に具えていたことが挙げられる。」[3]

　「science は英語です。しかしこれは前綴りに sci- とあるように，じつはラテン語の socio（知る）という意味からから来ております。この『知る』ですが，……（中略）……「倫理」という言葉にとても深い関係をもっているのです。と申しますのも，英語で『良い心をもつこと』をconscience といいます。この言葉は con-（～と一緒に，共に）と -science（知ること）の合成語として，主要な意味はこの後綴りの science にある

のです。……（中略）……いわゆる『良心』が『知る』ということを主体にしており，ヨーロッパ思想史がこのような形で展開しているという事実があるわけです。」[4]

　「『見て知る』ということは，さきほども申しあげたように，すぐれた古代ギリシア人たちの『良心』であり，ソクラテスの『知行合一』の精神もそこにあったと思います。ソクラテスは，『悪人が悪いことをするのは，それが悪いことだと知らないで行なうのであって，知っておればそういうことはしなかったはずだ』と言っております。ここから，ソクラテスは『知る』と『行なう』の合一を説く哲学者ということになりました。」[5]

　「私は，この『知る』ということから，どういう功徳が生まれ，これによってどのように心が良くなるかに触れていきたいと思います。ソクラテスは，多くの事柄を知ることによって，しかし何よりも自分たちは真実には何も知らないのだという『無知の知』を体得し，そこから出発して，ますます物欲から離れ，それによって心が浄められていった代表的な人だったと思います。……（中略）……『知』によって魂が浄化され，その浄められた良い心がいろいろの良い行為を行なうもとになったかと存じます。」[6]

6. 朝には山を仰ぎ見，夕べには泉の水を見よ

　『サレルノ養生訓』は，南イタリアのカンパーニャ州に設立されたサレルノ医科大学で作られた衛生学の本に由来するもので，健康で長寿を全うしていくためにはどのような養生をすればよいか，ということが363

行のラテン詩で説かれている。11世紀の終わりには書かれていたとする意見がある。

　大槻真一郎は，この養生訓にはヒポクラテス全集とその流れを汲む医学派の言葉と全く符号する健康指針上の文句が至る所に見られると，以下のように述べている。

　「『サレルノ養生訓』には，ヒポクラテス全集の養生法が美しく快適なリズムにのって語られています。……（中略）……つまり，『朝には山を仰ぎ見，夕べには泉の水を見よ』というように。と申しますのも，高く聳える山を仰ぎ見ることによって私どもに活動への高まりが示唆され，夕べには眼下静かにたたえる泉の水を見ることによって休息への自然なリズムがわれわれに伝わってくるというものなのでしょう。……（中略）……私は，ヒポクラテス医学がいろんなところでいちばん基本として教えてくれている食養生について，彼の医学の哲学的背景の理論面ではなく，真に生きた人間医学のいちばん深くて基本的な医の精神に立ちかえり，大きな自然にはぐくまれる自然と一体の看護が病人に必要であることを強調したいのです。こうして自然の教えるものをよく観察したり知ったりして医の心を通わせ合うところに，真に温かで，しかも，きびしく自己を持する哲学の精神も宗教の精神も養われてくるのではないかと思うのです。ヒポクラテス医学の哲学（愛智）的背景というのは，人間本来の自然を知ること，そしてその知恵を愛することにもっていきたいと思います。この純粋に知ろうとすることによって，心は養われ浄化され良い心が培われるのではないかと思います。」[7]

本文註

1 ）村井実『教育学入門』下，講談社学術文庫，1976年，pp.143-144.

2）大槻真一郎編集・翻訳責任『ヒポクラテス全集』第1巻, 1985年, エンタプライズ, pp.580-582.

3）大槻真一郎著・澤元亙監修『『サレルノ養生訓』とヒポクラテス―医療の原点―』コスモス・ライブラリー, 2017年, p.94.

4）同上書, p.97.

5）同上書, p.99.

6）同上書, p.101.

7）同上書, pp.116-117.

第10講
人間形成における"もの"と"こころ"

1. "もの"と"こころ"の関係

　人間の形成は，生活（くらし）を離れては，存在しえない。生活の中での"もの"との関わりなしには，考えられない。

　眼に見える"もの"には，眼に見えない"こころ"が込められている。たとえば，お弁当を作ってお子さんに持たせたお母さんの"こころ"は，お弁当箱の中に込められている，と言わねばならない。人間形成において，"もの"と"こころ"は密接に関わっている。

2. "もの"と"こころ"の相即の妙

　唐澤富太郎は，昭和50年3月，63歳で東京教育大学を定年退官したのを機に，「私の出で立ちの第一作は『教育博物館』三巻の完成ということである」と述べ，その時の心境を「現在の私の全エネルギーを投入してこそはじめてできるものであることを日々肝に銘じているのである。これほど私の情熱をかきたてる研究はもうないような気さえするのである。私は元来視覚型で聴覚型ではない。若い日，画家を志望したのもこうした理由によるのであるが，この『教育博物館』は，私のこの天性に最も

80

適した仕事であるという思いが深いのである。それだけ何かわくわくした情熱が湧き上がってきて，湧き出る構想をまとめる楽しさは何ものにもかえがたいものがある。逆にいえば，私の身辺にある教育史の資料として集めた"もの"は，それほど私を夢中にさせる魅力を放っているということである。」[1]と喜びを満面に表している。

　このような何ものにもかえがたい唐澤の楽しさは，一体どこから湧き出てきたのであろうか。その源泉こそは唐澤が30数年間をかけて，文字通り血と汗の結晶によって収集した実物資料そのものであった。それらを修理し，手許に置いて多年温め，鑑賞する生活を送っているうちに，「その"もの"の内面にある日本人の"こころ"が伝わってくる思いがしたのである。…（中略）…今までは何でもないと思っていた物の中に意味を見出し，美を発見し，生活に使った用具の中に，古代からの日本人の心を汲み取り，それを人間形成という私の専門の立場から解明せざるを得ない気持ちにかりたてられたのである。」[2]と述懐している。

　唐澤は，7万点もの実物資料を収集し，それを修理し，実物に対峙して，深く鋭い洞察力をもってその実物から伝わってくる教育的意義と価値を見出す労作業の中で，精神が最も集中し，無我夢中になる至福の時間を過ごした。そして，「資料を多く集めてわかることは，"もの"には"こころ"があるということである。そしてこれらの"もの"こそ日本人を形成する主導勢力であったことを思わずにはいられないのである。」[3]と述べ，"もの"と"こころ"が相即することを確信した。

3."もの"と"こころ"は一如であると観る仏教的世界観

　唐澤は，"もの"と"こころ"の相関関係について，次のように考察している。

「そもそもわれわれの生活は"もの"を離れて"こころ"はなく，また"こころ"を離れて"もの"はないと私は考えている。"もの"と"こころ"とは仏教が強調するように"物心一如"であるといわなければならない。道元は『典座教訓』の中において，物来たりて心に在り，心帰して物にあり，一等に他と精勤弁道す，といって，物心一如の修業が必要であることを述べているのである。」[4)]

　大乗仏教の特色は，"もの"を三つの側面からとらえる。"もの"の色や形などの「形」として見える側面を「仮諦(けたい)」といい，"もの"の性質など目に見えない側面を「空諦(くうたい)」という。この両者を合わせ持って，その"もの"を"もの"たらしめている本質の側面を「中諦(ちゅうたい)」と呼び，空・仮・中の三諦は一如していると捉える世界観を有している。唐澤は，「物」をたくさん集めたことによって，"もの"から"こころ"が伝わってきた，と述懐している。

4. 物となって考え，物となって行う

　唐澤はかつて，元文部大臣の天野貞祐の邸宅を訪問したことがあった。その玄関に「人は人　吾は吾なり　とにかくに　吾が行く道を　吾は行くなり」という句が掲げられているのに出会った。これは西田幾多郎（1870-1945）が詠んだものであった。この句に釘付けになりながら，唐澤は『教育博物館』という前人未到の教育学研究への道を歩み抜く決意を一層堅固なものにした。

　西田哲学の究極の思想「物となって考え，物となって行う」が，信濃教育会館講堂に西田の直筆で書かれている。西田はこれがほんとうのことを知る道であり，文字的思考だけでなく"もの"的思考の大切さを説いたものである。

かつて絵かきを志した唐澤は，物事を視覚的に，"もの"的にとらえて絵で表現することが得意であった。小学生時代に書いた達磨の絵には，しょう（生命）が入っている，と言って褒められた。また，頼光の凧絵などの作品も生涯座右から離すことはなかった。唐澤は，人間形成という教育学の研究においても，文字的思考による単なる実証では満足できず，それを越えて人間の精神の奥底にまで迫り，それを絵画的に表現しようとしたのである。唐澤が愛用した「格物窮理・窮理図解」という言葉もこれに通ずるものがある。

5. 漆の原木から唐澤の心眼に写った日本の伝統文化

　石川県輪島市へ風土と人間形成の調査研究に出かけた折のことである。塗師屋の店先においてあった漆の原木に唐澤の眼が止まった。長さ約1メートル，直径約20センチメートルの漆の大木には，10本ほどの漆を掻いた傷跡があった。これを観た唐澤の心眼には，深山に分け入って漆を掻いた職人の"こころ"が察せられ，目の前にある原木と一体となって把握された。使用済みの原木は，もはや焼却される運命にあった。しかし，この実物を日本文化の特色である漆や輪島塗の製作工程を学ぶ教材として活用すれば，日本人の形成という教育学研究の資料となる。すると原木は単なる廃材ではなく，貴重な教育文化財となって蘇るのである。あの重い原木を輪島から担いで帰った唐澤の心眼を，筆者は到底察することなどできなかった。

　唐澤は仮諦の側面からの単なる実証を超えて，仮諦と空諦が中諦のもとに一如している人間形成の実相を究明しようとして，渾身のエネルギーを注ぎ込んでいたのであった。このような物心を一如として把握しようとする教育学研究は，寂しさと不景気さとを堪え忍んで大乗仏教を

肉化した唐澤富太郎にして，初めてよく為し得た研究であったといえよう。教育学研究の王道を歩んできた唐澤が，『教育博物館』を通して究明した本当のことを知るという道は，"もの"を通して"こころ"を看取するという実物教育にあったと考えられる。

6．"もの"を観る眼力が要求される

　唐澤富太郎は，東京教育大学教授として日本の教育に対する大きな責任と使命感を担いながら，「日本人の形成」について研究した。世界48ヶ国の教科書を独力で集めて取り組んだ教科書研究が高く評価され，昭和37年に西ドイツ（当時）のゴスラーで開催されたユネスコ教科書会議に招かれて講演した。その帰途，欧米16ヶ国の調査旅行中に西洋文化に圧倒され自信を失いかけていた時，ボストンの美術館で日本美術の優秀性を再発見し，自分に自信を持つことができた。

　このことがあってから唐澤は，日本の物を大事にしなければならないと自覚し，30数年をかけて日本の「あそび・まなび・くらし」に関する実物資料を収集し，執念の作業で『教育博物館』を完成させた。

　この大業によって唐澤が究明したことは，人間形成において"もの"には"こころ"があるということであった。唐澤は『教育博物館』解説の巻頭言の末尾に，"もの"と"こころ"の探究は，"もの"を見る私の眼力の進歩発達にかかっており，さらに一層精進すると述べている。

7．「教育博物館」の実物をスケッチして看取した"こころ"

　「教育博物館」の精神を汲む「唐澤博物館」（平成5年開館）には，「日

本人の形成」を教育学研究の課題とした唐澤の魂が宿っている。唐澤が数万点におよぶ教育資料を座右において温めているうちに気づいたことは，"もの"には"こころ"があるという物の観方であった。これは仏教哲学の物心一如の世界観と通底するものであった。唐澤の教育資料に対する熱い思いに迫っていくためには，カメラ撮影ではなく，「実物」に対峙させてスケッチするという作業学習に取り組ませることが，"もの"から"こころ"を深く看取するのに適していると考えた。こうして初めて，スケッチという研究方法を「唐澤博物館」における実物教育のなかで実践した。

　学生30名が「唐澤博物館」を訪問し，最も関心のある実物を直観で一つ選び，"もの"をスケッチしながら"こころ"を看取する実物教育を実践した。スケッチによる実物教育には，次のような意義があった。

①学生は実物という"もの"と対峙し，じっくりとその"もの"とふれあい，対話することによって，その学生ならではの感性による個性的な"こころ"を看取している。

②学生は自分の眼でよく観て，スケッチするという作業において，"もの"に秘められている"こころ"を表現するのに，独自性を発揮した。

③学生は"もの"を観るときの三諦を，自然体でとらえている。「実物」の色や形，傷の具合など，肉眼で識別できる側面を表現するのは仮諦である。「張り子の虎の玩具」を使って遊んだ子どもの"こころ"や，それを製作した職人の技術や魂などの見えない"こころ"を感じ取って表現した側面は空諦である。そして，この仮諦→空諦を包含した全体像としての「張り子の虎の玩具」を捉える側面は中諦である。

　唐澤は，実物にふれる体験から得られる知識こそが，本物の知識であると力説し，次のように主張している。

「私の年来の主張は，真の知識というものは，単に抽象的・観念的に獲得されたものではなく，実物に直接ふれて体得したものでなければならないということである。実物に直接ふれてみるという『視聴触覚教育』を理想とするものであり，能う限りこのような方法によって教育を行うべきであると信じているのである。」[5]

本文註

1）唐澤富太郎『教育的真実の探究』ぎょうせい, 1975年, p.446.
2）同上書, p.447.
3）唐澤富太郎『教育博物館』解説, ぎょうせい, 1977年, p.5.
4）同上書, pp.5-6.
5）同上書, p.4.

第11講
学習指導の三形態

　学習指導の形態は，教室の広さ，学習者の人数，そして学習内容によって，大きく個別指導，一斉指導，グループ指導の三形態に分けられる。

1. 寺子屋における個別指導

　寺子屋は，江戸時代中期から盛んになった庶民のための初等教育機関である。当時寺院においては，後継者養成のために僧侶教育を行ったが，そのほかに僧侶にならない子弟も預かって教育をした。これが寺子屋の始まりである。

　入学の年齢は，6歳が多く，退学は男子が12〜13歳，女子は14歳が多く，男女共学であった。教授方法は，一人の師匠が年齢のまちまちな寺子30〜40人を同一の教室に集めて教授するという単級の個別指導であった。

　教育内容は，実用的な手習を中心として「読み・書き・算盤」を授けた。手習は，仮名から始まり，『国尽』『村名』『東海道往来』（地理教科書）『庭訓往来』（手紙教科書）『塵劫記』（算数教科書）などを学ばせた。

　寺子屋は，近代小学校のように，学校があって教師が任用されるという制度中心のものではなく，師匠があってそこに寺子が集まってくると

88

いう師匠中心のものであった。師匠と寺子は厚い情誼で結ばれ，寺子は
退学後も師匠を尊信した。[1]

2. 教師中心の一斉指導

（1）一斉指導の特色

　一斉指導は，同一の指導内容を，同一の指導方法で，学級などの集団
全体に対して一度に内容を提供する学習形態であり，効率性，平等性が
高い教育方法であるところに最大の特色がある。このため小中高大の学
校種を問わず，最も広く実施されている授業形態であるといえる。

　他方，一斉指導の欠点は，教師による授業の進め方が，「一方的」「一
面的」「一括的」になりがちであるという点にある。したがって，教師の
授業力の根幹は，学級集団の全体の前に立って，分かりやすい一斉指導
をすることができる力量を身に付けることにある。

（2）一斉指導の成立背景

　17世紀に活躍した教育学者コメニウス（1592-1670）が『大教授学』
（1657年）の中で，同時に，同事を，学習させる方法として一斉指導を
説いたのが始まりである。この学習方法は，18世紀のイギリスの産業革
命期に，大量の子どもに効率よくまとめて教育する方法として定着した。

（3）日本の近代小学校への一斉指導の導入

　明治5年に「学制」が発布され，寺子屋における個別指導に代わり，近
代小学校において，アメリカから輸入された一斉指導が近代的教授法で
あるとして採用されたのが始まりである。すなわち，学級を設け，教師
が教壇に立って掛図を指し，全生徒がこれを唱和するという一斉指導を

第11講　学習指導の三形態　　89

とるに至ったことは，日本における教授法の大きな改革であった。

　一斉指導を日本に導入したのは，官立師範学校の唯一のお雇い外国人教師スコット（1843-1922）である。スコットは，東京師範学校においてアメリカ式の指導法を実践し，同校の卒業生が全国各地の学校に派遣され全国に普及していった。各教室には黒板が設けられ，掛図等が整えられ，寺子屋時代の家塾様式の教室とはまったく異なる教室ができあがった。一斉指導の方式は，明治時代にほぼ確立した。[2]

（4）明治時代の絵入り掛図と現代のコンピュータによる情報提示

　明治時代初期に導入された一斉指導の方式に不可欠な教具が，大きな掛図であった。「博物図」（動植物図）「単語図」（単語の学習）「連語図」（短文練習）など国語や理科の絵入り掛図がさかんに作成され，授業に活用された。明治12年に文部省はそれまでの掛図を改め「小学指教図」全10枚を作成し，全国の小学校で使用された。[3]

　同じ時期に，アメリカからペスタロッチ（1746-1827）の直観教授が導入された。直観教授は，実際のものに触れたり，見ることによって，五感を使って学ぶ指導法で，絵入り掛図，実物，模型などを授業に取り入れ，感覚に訴えて対象を把握する教授法が広く流行した。

　一方，現代では，小中学校においてタブレット端末が児童生徒に一人一台整備されている。教師がコンピュータで教材を作成し，写真や動画を大型スクリーンや電子黒板に提示するという教授法が，遍く普及するようになった。一斉指導の進化した形態といえよう。

3. 学習者主体のグループ指導

　学級をいくつかのグループに分け，学習者間のコミュニケーションを

活発にし，グループ内の一人ひとりが積極的に学習に参加することをねらいとした指導方法である。

（1）ペア学習

　一人ひとりが自分の考えをまとめる事前学習の時間を設け，その後，隣同士など二人一組でお互いの考えを発表し合い，題材について理解を深める。学習者間のコミュニケーションが活発化することで，相互理解がはかられ，絆が深まることにつながる。

（2）3～6人のグループ学習

　3～6人のグループを編成し，その中から進行係を1名，発表係を1名相談して決める。学習課題は，全てのグループで同一にする場合と，グループごとに異なる場合がある。1時間の授業のうち，15～20分程度をグループ内で話し合う時間とし，その後，各グループ3分程度の持ち時間で，話し合ったことを発表し，質疑応答を受ける。最後に，教師によるまとめで締めくくるという進め方が一般的である。また，グループ全員で作業に取り組み，作品に仕上げることを課題にする場合もある。

　このようなグループ学習が成功するには，進行係の学習者が，人前で話すことを苦手にしている学習者に対しても，ていねいに意見を聞くようにするなど，きめ細かな配慮のもとにメンバーの協働を促し，話し合いや作業がよりよく進行するよう努めることが求められる。日頃のペア学習において，意見交換をする訓練を積み重ねておくことが重要である。

（3）カンファレンス

　カンファレンスは，英語で「会議」や「協議」という意味を有し，医療や介護の分野では，関係者間の情報共有や共通認識構築の場といった意味で使われる。

医療の進歩によって，さまざまな治療や技術が生まれ，医師一人による判断は困難であり，「チーム医療」が行われている。そこでは，医師，看護師，管理栄養士，理学療法士，作業療法士，薬剤師など，その患者に関わるスタッフが，それぞれの専門的視点から意見を述べる。その意見はどの職種であっても対等に尊重される。この会議がカンファレンスである。

理学療法教育，作業療法教育，看護教育を学ぶ学生は，さまざまな専門科目を履修する過程において，カンファレンスを体験し，自分の意見を発表するとともに，他職種の役割を担当している学生の意見を理解する力量を修得することが求められる。

本文註

1）唐澤富太郎『近代日本教育史』誠文堂新光社, 1968年, pp.149-160.

2）今野喜清・新井郁男・児島邦宏編『第3版　学校教育辞典』教育出版, 2014年, p.24, p.481.

3）唐澤富太郎『教育博物館』中, ぎょうせい, 1977年, pp.74-79.

第12講
人間形成に関する箴言を活用した
グループ学習

1. グループ学習の方法

　以下に紹介する，古今東西の偉人26人が人間形成について遺した箴言を題材にグループ学習を行う。

　まず，4～6人のグループを編成し，進行係と発表係を決める。次に，グループごとに26の箴言をすべて朗読する。そのうえで，各自，26人の中でもっとも関心をもった人物を一人選び，進行係の進行のもと，その人物と箴言について感想を述べあう。全員が感想を述べたら，グループ内で自由討議を行う。

　自由討議が終わったら，発表係が自グループで話し合われたことを紹介し，質疑応答を受ける。

2. 偉人26人が人間形成について遺した箴言

①司馬遼太郎（1923-1996）

　日本人の精神は「名こそ惜しけれ」という名誉を重んずるところにあると述べている。「名こそ惜しけれ」はもともと『平家物語』の一節で，恥ずかしい行いや卑怯な振舞いは自分自身を辱めるという意味で用いら

れている。

②上杉鷹山（1751-1822）

「国家人民のために立たる君にして君の為に立たる国家人民にはこれ無く候」（「伝国の辞」）

上杉鷹山は米沢藩9代藩主で，藩校「興譲館」で家臣の教育にあたった。

③大隈重信（1838-1922）

「諸君は必ず失敗する。ずいぶん失敗する。成功があるかも知れませぬけれども，成功より失敗が多い。失敗に落胆しなさるな。失敗に打ち勝たなければならぬ。たびたび失敗すると，そこで大切な経験を得る。この経験によって，もって成功を期さなければならぬのである。」

④吉田松陰（1830-1859）

「草莽崛起」

吉田松陰が民衆主体の改革を望んで唱えた思想。草むらの中に隠れているような無名の士よ立ち上がれ，という意。

⑤西郷隆盛（1827-1877）

「敬天愛人」

明治維新の立役者である西郷隆盛の座右の銘。

⑥コペルニクス（1473-1543）

「自分が何を知っているのかを知っていることを知り，自分が何を知らないのかを知っていないということを知ること。それこそが真の知識である。」

第12講　人間形成に関する箴言を活用したグループ学習　　95

⑦夏目漱石（1867-1916）

「夫レ教育ハ建国ノ基礎ニシテ師弟ノ和熟ハ育英ノ大本タリ」

五高の開校記念日に教員を代表して述べた祝辞の一節。国は教育が支えなければならない，そして，師弟の和熟がその根底にあらねばならない，という意。

⑧アリストテレス（前384-前322）

「人間は社会的動物である。」

⑨ルソー（1712-1778）

「わたしたちは，いわば，二回この世に生まれる。一回目は存在するために，二回目は生きるために。はじめは人間に生まれ，つぎには男性か女性に生まれる。」

『エミール，または教育について』（1762年）の一節。

⑩渋沢栄一（1840-1931）

「前途の遼遠なる事物は，ゆっくり急いで努めねばならない。」

遠いゴールを目指すならば，着実に，かつなるべく早く進むべきである，という意。

⑪アインシュタイン（1879-1955）

「宗教なき科学は不具であり，科学なき宗教は盲目である。」

⑫サッチャー元英国首相（1925-2013）

「懸命に働かずしてトップに立った人など，私は一人も知りません。それがトップに立つための秘訣です。必ずしもそれでトップになれるとは限りませんが，かなり近いところまでは行けるはずです。」

⑬エマーソン（1803-1882）

「教育の秘訣は生徒を尊敬することにある。」

⑭シェイクスピア（1564-1616）

「明けない夜はない。」

戯曲『マクベス』の一節。

⑮西田幾多郎（1870-1945）

「人は人　吾は吾なり　とにかくに　わが行く道を　われは行くなり」

他人の意見や価値観に左右されず，自分の道をしっかりと歩むことの

大切さを述べている。

⑯宮本武蔵（1584-1645）

「千日の稽古をもって鍛となし，万日の稽古をもって錬となす。」

『五輪書』の一節。

⑰ソクラテス（前470-前399）

「善こそはあらゆる行為の目的であること，そして，すべて他のことは

善のためになされなければならないのであって，けっしてその逆ではな

い。」

プラトン『ゴルギアス』の一節。

⑱ゲーテ（1749-1832）

「明晰な文章を書こうと思うなら，その前に彼の魂の中が明晰でなけれ

ばだめだし，スケールの大きい文章を書こうとするなら，スケールの大

きい性格を持たなければならない。」

エッカーマン『ゲーテとの対話』の一節。

第12講　人間形成に関する箴言を活用したグループ学習　97

⑲周恩来（1898-1976）

「銃で人を殺すのはたやすい。しかし暴力による闘いは肉体にしかおよばない。魂にまで到達することができるのは道理による闘いだけである。」

⑳カント（1724-1804）

「人間は教育によってのみ，人間となることができる。」

㉑トインビー（1889-1975）

「偉大なる才能は，試練によっていっそう鋭く育まれる。」

㉒幸田文（1904-1990）

「あとみよそわか」

父・幸田露伴が教えた言葉。跡を見よ，振り返っていま一度確認しなさい，という意。

㉓トルストイ（1828-1910）

「人生には唯一つだけ疑いのない幸福がある。人のために生きることである。」

㉔レオナルド・ダ・ヴィンチ（1452-1519）

「最も高貴な娯楽は，理解する喜びである。」

㉕福沢諭吉（1835-1901）

「天は人の上に人を造らず人の下に人を造らず。」

『学問のすすめ』（明治5年）の冒頭の一節。

㉖ネルソン・マンデラ（1918-2013）

　「勝者とは，決してあきらめることなく夢を追う人だ。」

第13講
『塵劫記』の「三容器の協力関係」

1. 高田先生との出会い

　高田豊寿先生は，明治45年に東京の六本木で生まれる。東京帝国大学
卒業。言語学を専攻。埼玉県さいたま市岩槻区にある慈恩寺で，水野梅
暁師についてインド哲学，仏教哲学を学ぶ。昭和46年に「周禮研究会」
を主宰。以後，19年間にわたって1,200回講義された。研究会の会場は，
皇居和田倉門，学士会館，東京駅八重洲口，池袋勤労福祉会館等で，講
義内容は，財政・金融・通信・医学・教育・数学・英語・サンスクリッ
ト・儒教・仏教・法学等の多岐にわたった。

　筆者は，東京池袋にあった合気道の道場に通っていたことが機縁となっ
て，昭和56年6月24日，高田先生に初めてお目にかかった。第一印象は，
板垣退助のような髭と，鋭い眼光，肚の底から出てくるいぶし銀のよう
な声の響きで，愛用のステッキと山高帽が先生のシンボルであった。[1]

　高田先生の恩師は，昭和天皇の侍従次長木下道雄（1887-1974）であ
る。高田先生は木下の鞄持ちをされていた。

　高田先生の言葉は実に厳しかったが，この先生を師と仰いで研鑽して
いこうと即決した。高田先生は，平成元年12月14日に交通事故にあわれ
ご逝去された。享年77歳であった。

2. 高田先生の学校訪問

　昭和61年5月26日の午後2時ごろ，高田先生は何の前ぶれもなく筆者の勤務校である都内の公立中学校に足を運び，校長先生，教頭先生に面会された。5時限が終わって職員室に戻りこのことを知ったものの，ゆっくりとお話をする間もなく6時限のチャイムが鳴り，学活の時間が始まった。このままお帰りいただくのでは申し訳ないし，残念である。そこで，高田先生にわがクラスの生徒を見ていただき，中学3年生のためになるお話をしていただこう。それがこの場を最も有効に生かすことになると考え，先生をクラスにご案内した。

3. 初対面の中学3年生に語られたこと

　はたして高田先生は，初対面の中学生にどのような話をしてくださるか，筆者自身楽しみに思いながら2階の教室に先生をご案内した。生徒たちは突然髭のおじいさんが教室に入ってきて，びっくりした様子であった。高田先生は，開口一番「お父さんやお母さんがいらっしゃらない人は手を挙げなさい」とおっしゃって，その生徒のところへさっと寄っていき，しっかりと手を握りしめながら，「お父さんやお母さんがおられなくても，立派に成長することができるのだよ」と激励してくださった。激励を受けた生徒は何ともいえない温かさに包まれて，目頭を熱くしていた。

　高田先生のこの姿勢に，筆者の教育者としての姿勢の虚を衝かれた思いであった。なぜなら，幼くして親と別れた生徒に対しては，同情の思いからそのことには触れまいという消極的な考えが根強くあったからである。それに対して，高田先生は最も辛い思いをしている生徒に真っ先に声をかけられたのである。クラスの生徒の前に立った時には，まずそ

第13講　『塵劫記』の「三容器の協力関係」　101

の中で最も辛い境遇にある生徒の味方になること，この共感的理解が生徒指導の第一歩であることを胸に刻んだのであった。

4. 数学がきちんとできる頭をつくること

次に高田先生は，「数学の好きな人は手を挙げなさい」と言われた。しかし，挙手したのが男子一人だけだったので，「では数学がきらいな人」と聞かれると，残りの全員が手を挙げた。これをご覧になった先生は「皆さんが今，数学がきらいだということでは，このおじいさんが心配になってきます。数学がきちんとできる頭を作っていかないと，新幹線や飛行機を安全に運転することができなくなるのです。これからでもいいから，数学を好きになっていこうと思う人はいないか？」と迫られると，おずおずと男子二人が手を挙げた。

このようなわがクラスの実態を察知された高田先生は，「では，数学が好きになる問題を一つ出していくから，関心のある人は解いてみなさい」と言って，大中小三つの器を板書された。それが，『塵劫記』[2]の「三容器の協力関係」であった。この間約15分間であった。

5.「三容器の協力関係」

吉田光由『塵劫記』（第二版），1631（寛永8）年にある「三器，或ハ三容器ノ協力関係」と名づけられた「三容器の協力関係」とはどのような問題であろうか。

ここに大中小の三つの容器があり，それぞれの容量は大「10」・中「7」・小「3」である。今，大の容器に水が「10」入っている。中の容

器と小の容器には入っていない。この水を他の容器に移し替えながら，最終的に大の容器に「5」，中の容器に「5」，小の容器に「0」となるようにするには，どうすればよいかという問題である。ただし，容器には目盛りがついていないので，器に水がいっぱいに入ったときに，はじめて，（7）とか，（3）が入ったことがわかる。

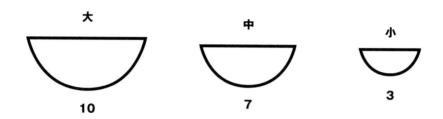

大の容器に水が10入っている。この水を他の容器に移し替えながら，大の容器に5，中の容器に5となるようにするにはどうすればよいか（容器に目盛りはない）。

6.「三容器の協力関係」の解法

　第1段階で，「大」に入っている「10」の水を，「中」の容器に移す。すると「中」に「7」入り，「大」に「3」が残る。「小」はお休みで，「0」のままである。

　第2段階で，「中」の容器から「小」の容器に水を移すと，「小」に「3」入り，「中」には「4」が残り，「大」お休みで「3」のままである。

　このように段階を一つずつ踏んでいくことによって，やがて「1」とか「2」という数字が，新しい価値として生まれてくる。このような数字は，「10」「7」「3」が孤立していたのでは，とても生み出すことのできない数字である。こうして，第9段階において大「5」，中「5」，小「0」となり，問題が解決されるのである。[3]

7. 「三容器の協力関係」の真意

　この問題は，一桁の数字を足し算，引き算する算数の問題であるが，なぜこの問題に「三容器の協力関係」という名称がつけられたのであろうか。もう一度，第1段階を振り返ってみると，大の容器は「水をわたす人」，中の容器は「水を受け取る人」，小の容器は「休んでいる人」となっている。第2段階以後も「休んでいる人」がいることがわかる。「休んでいる人」がいても，その人を責めない。今「休んでいる人」は，次の段階では「働く人」の役割を果たし，作業が回転していくのである。だから今「休んでいる人」を排除しないで，「休んでいるのも協力の内」というように考えるのである。これが「協力」ということの真の意味であるということを教えようとしている問題であると考えられる。

本文註

1）土井進『周禮15講─「先生」の教育─』信州大学教育学部, 2010年, p.78.

2）江戸前期の和算書で中国の『算法統宗』を手本として計量法，計算法などをわかりやすく説明したもの。初版（寛永4年版），第二版（寛永8年版，「三器，或ハ三容器ノ協力関係」を所収），第三版（寛永11年版），その後版を重ね，種々の類書が出版されている。

3）以下のような表を用いると考えやすい。

手順	大 (10)	中 (7)	小 (3)
0	10	0	0
1	3	7	0
2	3	4	3
3	6	4	0
4	6	1	3
5	9	1	0
6	9	0	1
7	2	7	1
8	2	5	3
9	5	5	0

第14講
「田定規」を作図し
論理的・科学的思考力を鍛える

1. 高田先生の講義

　昭和52年，前講で紹介した高田豊寿先生は，次のように課題説明から講義を始められた。[1)]

　任意の正方形ＡＢＣＤを四等分する線を描きます。ただし目盛りのない直線定規のみを使います。コンパスを使わない幾何学の問題です。

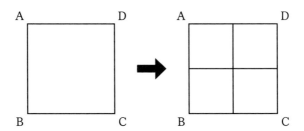

2. 作図の手順

①正方形ABCDの対角線を２本引き，交わったところをＥとする。対角線を引くと壁にぶつかる。壁にぶつかった時に，これをどう突破するか。壁を突破して対角線を伸ばすことができる人は，ひとかどの人物

である。1本の対角線ＢＤを延長し，これを直線❶とする。
②辺ＡＤ，辺ＢＣ，辺ＣＤを延長し，それぞれ直線❷，直線❸，直線❹とする。
③直線❶の線上に任意の1点を定め，これをＦとする。
④ＦとＡを結んだ線を直線❺とし，ＦとＣを結んだ線を直線❻とする。直線ＡＦと直線❹の交点をＧとする。また，直線ＣＦと直線❷の交点をＨとする。
⑤点Ｇと点Ｈを結んで直線❸との交点をＩとする。
⑥こうすることによってできた四角形ＡＣＩＨは平行四辺形である。平行四辺形の対角線ＡＩと直線ＣＨを結んでできた交点Ｊは，平行四辺形の高さの中点である。よって，点Ｅと点Ｊを結んだ直線は，辺ＡＢと辺ＤＣをそれぞれ二等分することになる。
⑦同様に，対角線ＡＣをＡの方向に延長し，この線上の任意の点をとって平行四辺形を作り，辺ＡＤと辺ＢＣをそれぞれ二等分する直線を引けば，「田定規」をつくることができる。

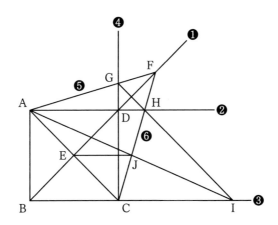

3. 有効な線と無効な線の区分け

　本当に必要な仕事をしている線かどうかを吟味して，不要なものを捨てていく（論理的思考）。1本の線が10億円の資材であったとすると，無効な線を1本引くことによって10億円の損失になる。

　高田先生は，この話を民間の鉄道会社の幹部に話された。線を引くごとに番号をふり，これはどの段階の仕事か，この仕事は何番目の仕事かを明確にしていく。

　このように物事を考える際には，帰納法と演繹法という二つのアプローチがある。帰納法は，個々の具体的事実から一般的な法則を導き出すこと（広辞苑）。原因から結果に到達する思考法である。一方の演繹法は，一般的な法則から個々の具体的事実を導き出すこと（同）。結果から原因に向かう思考法である。

4. 何のための「田定規」か

　「田定規」を作図する解法は，どこの国・地域にも通じるものである。どこの誰が，こういう知識をもっていたのか。何を観察し，何のために，「田定規」のような普遍的な法則が導きだされたのか（科学的思考）。

　科学とは，「物事の帰結」についての知識である。「帰結」とは，何らかの事態を原因として，それから結果として生ずる状態。または，一定の論理的前提から導き出されてくる結論（広辞苑）である。

　高田先生は，三つの科学 science すなわち conscience（良心），prescience（予見），nescience（無知）を取り上げ，「良心に恥じず（conscience），先を見て，自分の研究の及んでいないことを自覚し（nescience），引き続きどのような課題が起こってくるかを予見できる

（prescience）のが科学である」と述べられた。

　科学的知識や根拠を追究すると同時に，先人の知識を参照しながら自らの現在地を知り，前に進むことの大切さを教えてくださった。

本文註

1 ）土井進・河野幸枝「定規1本で「田定規」を作図する」『昭和天皇の側近　木下道雄侍従次長に師事した髙田豊寿の「社会形成力」講義100選』青山ライフ出版, 2023年, pp.158-160.

第15講
評価の方法

1. 評価の意義

　学習指導のどこが良かったか，そして悪かったかを振り返り，次の学習指導の改善に活かす取り組みを「評価」という。「評価」の英語表記は，一般に evaluation「（価値などの）評価，査定」である。近年，児童生徒の実態把握などで使われる「アセスメント」（assessment）は，直訳すると「（人や物の）評価，判断」である。

　教育現場における「評価」の意義は，これによって「善さ」を見いだし，価値づけすることで，一人ひとりの自己を成長させることにある。

2. 学生を評価する教員の心得

　評価とは，学生の価値を見いだすことである。大事なことは，目に見える行動の奥にある，学生の「善さ」を対話しながら引き出すことである。また，学生自身が過去の学びからヒントを得て，「自覚」に到達できるような対話を展開することである。

　学生と対話するにあたっては，心の状態を整え，揺るぎない心の軸をもつことが求められる。また，学生に緊張感や威圧感を与えない最適な

環境に自己を置き，言葉や振る舞いに万全を期すことが求められる。

　学生が自らビジョンを描くことができるように，教員は，自身が学生の人間形成に関わる仕事であることを強く自覚することが求められる。すなわち，学生という一人の人格と直接的に関わり，その成長や挫折，健康などに関する実践知を通して，学生を啓発する力量を高めていかなければならない。次代を担う若い人材の可能性は無限に広がっている。こうした人材から信頼される人格の錬磨に精進すること。また，これらの人材育成に携わる立場として，高度な専門性を身につけるとともに，豊かな人間性を錬磨することが求められる。

　果物は蔕のあるところに実がなる。古人はこのことから「下手に実がなる」と捉えた。すなわち，初めは下手でも，根気よく修練を積んでいくことによって，ひとかどの人物になる，という人間観に基づいて若者の指導にあたった。

3. 相対評価

　相対評価は，個々の成績が全体の中でどの位置にあるかを相対化して評価する。偏差値による評価が，相対評価の代表的なものである。相対評価の難点は，自分としては最善を尽くし，優秀な成績を取ったとしても，クラスの中に自分の成績を上回る者が多数いた場合，相対的に低い評価しか与えられないことである。

（1）相対評価の5階階評価

　日本の多くの学校では，2000年ごろまで相対評価による評定を行っていた。相対評価の5段階評価は，目安として，「5」と「1」の割合が7パーセント，「4」と「2」の割合が24パーセント，「3」の割合が38

パーセントを占めるように構成された。教員は，生徒を5段階で評価することとされており，「1」の成績をつけなければならない児童生徒に対して苦しむことになる。

（2）偏差値による評価

偏差値は，平均値を「50」とする。偏差値「35」以下の割合は7パーセント，「35～45」の割合が24パーセント，「45～55」の割合が38パーセント，「55～65」の割合が24パーセント，「65」以上の割合が7パーセントを占めるように構成されている。

偏差値は，大学受験のように受験者の数が多い場合，自分の相対的な位置を知り，志望校の合格基準に達しているかどうかの判断の目安となるため，広く活用されている。

4. 絶対評価

絶対評価は，授業の到達目標に照らして，一人ひとりの成績を絶対的に評価するものである。児童生徒がどの程度，学習の到達目標を達成したのか，資質や能力を向上させることができたのか，という観点に立って，他と比べることなく，一人ひとりを評価するものである。相対評価に比べ，絶対評価の方が学習者の自己効力感を高め，内発的動機づけを促進するといわれる。

5. 学習評価

アメリカの教育心理学者ブルーム（1913-1999）は，学生の学習状況

を評価する方法として，その機能と実施時期によって，次の三つに分類
した。

（1）診断的評価

　「授業」を始めるにあたり，学生がその「授業」に必要な知識や技能を
有しているか，また，学習上特に障害となる問題を有していないかを調
べるために行うのが，診断的評価である。

（2）形成的評価

　「授業」の進行途上において，学生が到達目標に対して，どこまで目標
を達成したか，どの点に問題があるかを明らかにすることによって，学
習の向上を図ることを目的としているのが，形成的評価である。

　この評価がうまく機能するためには，次の三つのことが重要である。

①学生が「授業」の到達目標を自分のものとして理解していること。
②自分の学習状況を到達目標と比較して，達成状況を理解することが
　できること。
③教員が，学生一人ひとりに対して必要な改善方法を示すこと。

（3）総括的評価

　到達目標がどれくらい達成されたかを総括的に明らかにするのが総括
的評価である。学生は，この評価から，「授業」を通して自分の資質や能
力がどの程度向上したのかを実感できる。教員は，授業内容や到達目標
が学生にとって適切なものだったかを判断することができる。

　総括的評価によって得られた評価情報は，学生の次の学年の教員や進
学先の学校の参考資料とされる。また，カリキュラムや指導方法の適切
さを判断する場合にも用いられる。

6．教育評価

　学校の教育目標を達成するために，教育活動がどのように展開されたかを全体にわたって評価するものである。この評価は，教員自身の「授業」改善を図ることはもとより，学校という一つの教育機関の全体像を評価することを目的としている。

　大学教育の質的転換を図るために，大学や専門学校は，建学の精神，ディプリマ・ポリシー（学位授与方針），カリキュラム・ポリシー（教育課程の方針），アドミッション・ポリシー（入学許可方針）の三つのポリシーを定めて，公表している。そして，これらの対外的に約束した教育がどの程度達成されたのかを，自己点検・評価し，公表することが高等教育機関に課せられている。

7．ポートフォリオを評価するためのルーブリック

　ポートフォリオ（portfolio）とは，書類を入れたカバンという意味である。カバンの中に学生の学びに関するさまざまな資料を入れていく。カバンに収められた資料を得点化していかねば，カバン全体としての評価ができない。そこで，さまざまな資料を得点化するための指針となるものをルーブリック（rubric）という。

　ルーブリックは，縦軸の評価規準と横軸の評価基準を組み合わせた，マス目状の評価表から成る。例として，講義の事前事後学習の成果を評価するためのルーブリックを次に掲げる。

　ルーブリックは，従来のテストの得点によって評価するという方法の代替として登場した。学生の個性を丁寧に読み取って評価するのに有意義である。

114

講義の事前事後学習の成果を評価するためのルーブリック

評価基準 / 評価規準	3	2	1
原稿の最後の行まで書いてあるか。	最後の行までしっかりと書かれている。	最後の1行が空いている。	最後の2行以上が空いている。
丁寧な字で書かれているか。	丁寧な字で美しく書かれている。	クセ字が混じっていて丁寧さに欠ける。	書きなぐりの字であり丁寧な字とはいえない。
「である体」になっているか。	「である体」で統一されている。	「です・ます体」が1ヶ所混じっている。	「です・ます体」が複数混じっている。
冒頭と改行は1字下げてあるか。	冒頭の1字と改行の1字がきちんと下げてある。	1字下げになっていない所が1ヶ所ある。	1字下げになっていない所が複数ある。
引用文は「　」で区別されているか。	引用文は「　」で区別されている。	引用文が「　」で区別されていない所が1ヶ所ある。	引用文が「　」で区別されていない所が複数ある。
自分の考察を述べているか。	自分の考察をきちんと述べている。	自分の考察を述べているが論旨が不明確である。	自分の考察が述べられていない。

第16講
人間形成に関する学生の考察

　本講で紹介する論考は，「教育学」を学んだ学生が，学習内容を振り返り，人間形成をテーマに題材を選び，感想と考察を述べたものである。[1]

（1）貝原益軒の『養生訓』

　私は，人生を楽しむためには，心身ともに健康であり，完璧を目指すことを大切にしながらも，程よく力を抜くことが重要であると考える。何故このように考えたか，について次に述べる。

　心身ともに健康であるということは，自由であることだと思う。私は，部活動の大会で試合になると，緊張のあまり身体が強張ってしまう。このことを通して，心と身体は密接に繋がっていることを実感した。だから，身体だけが元気でも，心がネガティブになってしまうと，やる気がなくなり，身体も動かなくなってしまう，ということを何度も経験してきた。

　私には，完璧主義な所がある。外出する際は，きちんと身だしなみを整えなくては気が済まないし，勉強の際もどのようにして勉強すれば良いかをきちんと考えてから取り組むので，時間がすぎてしまうことが多々ある。これは，自分で自分を苦しめてしまっているのである。自分に制限をかけて，行動範囲，思考範囲を狭くしてしまっているのである。

　貝原益軒は『養生訓』において，人生の楽について，健康で長生きし，

116

善を樂しむことだと述べている。益軒は，歩行や食後の散歩を必要とし，同じ姿勢で長くいることを害とした。このことから私は，動ける身体をもち物事を楽しむ心が必要であると考えた。また，益軒は完璧主義を嫌い，「いささか」を大切にしている。完璧を求めすぎることで心の負担となり，「楽」もなくなると述べている。私は，「いささか」を許せる心を持つと，完璧という呪縛の中に余裕が生まれ，物事を楽しむ余裕が生まれてくると考えた。このように考えることによって，パフォーマンスの出来が変わってくるようになった。

　以上の考察により，私は健康で人生を楽しむためには，自由に行動ができる丈夫な身体を鍛えることとともに，物事を楽しむ心を開発することである，と考える。そして，物事を楽しむための心の余裕は，完璧を求めすぎないで，貝原益軒のいう「いささか」，すなわち，肩の力を抜いて挑むところから生まれてくると考える。

（2）聖徳太子の十七条の憲法

　私は，聖徳太子が考えている人間の成功と失敗の分かれ道は，十七条の憲法の第九条に「信は義の本なり。事ごとに信あるべし。それ善悪成敗は必ず信にあり。」とあるように，「信」だと考える。信という字には，まこと，うそ，偽りのないさま，という意味がある。私は，このことを踏まえ，将来医療者になる者として，自分の技術に自信を持ち，信義の心を忘れない医療者になりたいと考える。何故なら私は，自信がない時，相手の目を見て話すことができなくなってしまうからである。患者さんは自分の体がどうなるのか，分からない状態で病院にやってくる。そのような時，自分の体を治療のために預ける医療者が，目も合わせてくれない人となると，患者さんの心労はさらに増す。そして，医療者の不安や心配，自信の無さというのは，隠そうとしても隠せるものではなく，患者さんに伝わってしまう。故に私は自分の医療技術には，絶対的な自信

を持ちたいと考える。

　医療技術への自信とともに，信義の心を忘れないことも医療者に欠かせない要素であると考える。約束を守ること，道徳心を持つことは，人として大切にしなければならないことである。信頼や信用は，小さな道徳的行動の積み重ねによって，時間をかけて生まれてくると考える。しかし，信頼や信用は，ささいな出来事一つで，一瞬に崩れ去ってしまう。もう一度，信頼を取り戻そうとしても，「裏切った」という事実の上から，積み上げていかなくてはならない。信頼を取り戻すための時間は，とても長く，苦しい。故に私は，信義の心を忘れてはいけないと考える。

　私は，将来医療者になる者として，自分の医療技術に自信を持ち，信義の心を忘れない人間に成長したいと考える。以上，医療者を目指す者として，私は「自信」と「信義」を大事にしたい。この二つの言葉に共通して「信」という字が入っている。信という字に込められた意味と聖徳太子の十七条の憲法に述べられた「信は義の本なり。」「善悪成敗は必ず信にあり。」という言葉を深く心に刻み，自ら学び，考え，行動できる人間に成長していきたい。

（3）学びの三つの柱と体験学習

　令和を生きる若者が「生きる力」を身に付けるための学習方法として，「知識・技能」の習得，「思考力・判断力・表現力等」の育成，自ら「学びに向かう力・人間性等」の涵養の「学びの三つの柱」が提言されている。また，青年時代に生活体験・社会体験・自然体験を通して体験力を身に付けることが重要であると述べられている。自己形成とは，経験のなかで自分自身を作り上げていく過程のことを言う。私は，タブレットなどを使った学習ではなく五感で体験する学習を通して自己形成に取り組みたいと考えている。

　現在の小学生は，外に出て観察や体験する時間よりも，教室でタブレッ

トを使って学習する時間の方が多い。私には小学生の妹がいる。私が小学生の頃は，タブレットなど存在せず，田植えをしたり，外に出て虫を捕まえたりして，自然と触れ合う体験型の学習が多かったが，妹たちの学校の様子を聞いてみると，今の小学生は，日記をタブレットで入力していたり，各単元のまとめ学習をパワーポイントでまとめるなど，体験型の学習を行う時間があまり無いようだ。

効率よく学習するために，タブレットを使った学習も一つの方法であると思うが，実際に五感で自然と関わる体験型の学習方法も重要であると考える。前期に理学療法学の授業で骨について学んだが，教科書や参考書を読むだけでは，なかなか定着しなかった。実際に骨に触れて見なければ気づかない部分が沢山あった。特に小学生のうちは一歩外の世界に出て，様々なことを体験することによって，新たな発見や気づきを得ることが重要である。

体験は，自己形成にも繋がる。体験を通して自分は何が得意で，何が不得意か，自分は何に興味があるのかを知ることが出来る。今はメディアに左右される時代である。そのような世の中を生き抜くために，スマートデバイスから顔を上げ，世の中を見渡し，体験を通して自己形成に取り組んでいきたいと考える。

（4）グループ学習と個人学習

グループ学習は，読んだり聞いたり見たりするほかに，討論したり他の人に教えたりするのが特徴である。この学習方法は様々な視点が得られるため，自分の知識を深めることができ，難しい問題を考えたり，教え合ったりするのに適していると考える。また，英会話などにおいては，自ら会話を体験することで，より実践的に学ぶことができ，効果的だと考える。一方，個人学習は，読んだり聞いたり見たりすることが主である。この学習方法の特徴は，自分の得意不得意に合わせた学習ができ，単語

の暗記やドリル学習に適していると考える。

　同じ学習内容をグループ学習と個人学習で行った場合，学習効果にどのような違いが見られるだろうか。エドガー・デールは「学習効果の円錐」で，読んだり聞いたり見たりしたことは，30パーセントしか覚えていないのに対し，他の人に教えたことは90パーセント覚えていたと，述べている。よって，同じ学習内容をグループ学習と個人学習で行った場合，読んだり聞いたり見たりするだけでなく，討論したり他の人に教えたりするグループ学習のほうが記憶に定着しやすいと考えられる。しかし，グループ学習だけを行っていても効率よく学習することはできないと考える。なぜなら，グループ学習で討論したり教え合ったりするには，基礎知識が必要だからである。個人学習で基礎知識を身に付けてからグループ学習で苦手なところを聞いたり，他の人の考えを聞いて，自分の考えを深めたりすることで効率よく学習できると考える。

　以上の考察により，私はグループ学習と個人学習にはそれぞれ適した学習内容があり，効果にも違いが出ると考える。このことを理解してバランス良く学習方法を取り入れることが大切だと考える。

（5）『塵劫記』の「三容器の協力関係」

　三人グループの中で，バランスを失ったとき，一人を仲間はずれにすることから発生する問題が，「いじめ問題」であると考えられる。「三容器の協力関係」も「水を渡す人」「水を受け取る人」「休んでいる人」の三人の関係であり，この三つのどれか一つでも失えば，何もできなくなる。

　私は，この「休んでいる人」のポジションが「いじめ問題」を解決するヒントであると考える。「三容器の協力関係」は，「水を渡す人」と「水を受けとる人」だけでは，成り立たない。「休んでいる人」も「協力」の内と考えることによって成り立っている。この「休んでいる人」を仲間

はずれにすることにより、「いじめ問題」が発生すると考えられる。二対一に分かれてしまうと、「三容器の協力関係」は崩れてしまうことになる。

　また、「三容器の協力関係」では、大「10」、中「7」、小「3」という、それぞれ違った容量の容器が働くことによって、新しく「1」や「2」という数字を生み出すことができる。これらの新しい価値を二人だけで作ることは不可能である。このように三人いると「いじめ問題」も起きてしまうが、三人で協力しなければ生み出せない新しい価値もある。これが文殊の知恵である。三容器の容量は、大中小と異なっているように、人にもそれぞれの個性がある。二人だけではそれぞれの個性が生かされなくても、三人いることでそれぞれの良さが発揮できると考える。

　以上の考察により、「いじめ問題」を解決するために重要となるポイントは、「三容器の協力関係」の中の役割である「休んでいる人」を仲間はずれにせず、「協力」の内であると考えることである。人にはそれぞれの良さがある。その良さを生かして、さらなる良さ、新しい価値を生み出すことが出来るかどうかは、三人がお互いに「協力」の内であると理解し合えるかどうかにかかっている。三人で助け合い、協力する関係を築くこと、文殊の知恵を見出すことが、「いじめ問題」解決への重要な鍵となる、と私は考える。

（6）二宮尊徳

　尊徳は「譬えば百万石の米と雖も粒の大なるにあらず。万町の田を耕す者の業は一鍬ずつの功にあり。千里の道も一歩ずつ歩みて至る。小さなることを忽せにする者、大なる事は出来ぬものなり。」と説いている。では現在の私におきかえたとき、「小を積んで大を為す」とは、どういうことを言っているのであろうか。私は今、看護専門学校の2年生という立場にいる。私にとっての「大」は、看護師になるということだ。「小」とは何か、と考えると看護師になるための道のりのことではないか、と

考える。毎日の授業は看護師になるための知識を身に付ける重要な場である。技術テストも今後患者さんに看護を提供するためには，必要不可欠なものである。楽しくも厳しくもある実習も現場で働くとき，どんなことを毎日看護師さんが行っているのかを学ぶ機会である。これらは看護学校の中での出来事である。他に毎日休まず看護学校に行くということも「大」を叶えるためには，大切な積み重ねの一つと考えられる。次に日常生活の場面で考えてみる。私は現在一人暮らしをしている。一年前は，ほとんど親にまかせきりで，今親のありがたさを痛感している。一人暮らしを始めて一年が過ぎ，怖れないようになってきた。ときに失敗があるからこそ，小さな積み重ねが人間形成をしていくうえで大切であることに気付かされる。私は二宮尊徳の「小を積んで大を為す」という考え方は，人間形成においてとても大切な考え方であると思う。もし，「大」を為すことができなかったとしても，今ある自分が，前の自分より少しでも成長していると思えるような生活を送りたいと思う。

（7）"もの"と"こころ"

　唐澤富太郎は，"もの"には"こころ"があると述べている。私も植物や鉱物などあらゆるものに"こころ"があると考える。長年使ってきた食器や服などに愛着が湧く。私は幼い頃ずっと好きなぬいぐるみがあった。そのぬいぐるみとはどこへ行くにも一緒であるという安心感があった。時には話しかけてみたりと様々な経験を共にした。しかし，そのぬいぐるみに対して殴ったり，投げ出したりしたときは，夜もしかしたら仕返しに来るのではないか，と恐怖心を抱いた。これは私自身がぬいぐるみに"心"があると感じたからだ。このように考えると，今使っているシャープペンシルや時計，眼鏡全てが，私自身にとって親しい友人だと感じることができる。また，人形やぬいぐるみなどを様々な事情から仕方なく捨てることになった際に，「人形供養」という方法を行う人もいる。この

ことから日本古来から"もの"には"こころ"があると考える人々がいたのではないか，と考えられる。私は幼い頃から「"もの"は大切に扱いなさい」と，先生や両親など周りの大人から何度も注意された。しかし，現代では「断捨離」という言葉が浸透しつつある。私自身もその言葉の影響でいくつか"もの"を捨ててしまった。現在は昔に比べ"もの"を捨てることに対し，ためらう気持ちが薄くなってしまったと考える。私は"もの"を捨てるということを今一度考えなおし，コンビニエンスストアなどでいつも袋をもらっていたが，エコバックを使い始めた。唐澤富太郎が教育に関する実物をたくさん集めることによって，"もの"には"こころ"があることを確信するようになったが，この言葉に出会うことによって私の生活態度が変わった。以上のことから私は"もの"には"こころ"があると考える。

本文註

1）本講の出典：（1）〜（5）は，「理学・作業療法学1年生の「教育学」に関する人間形成的考察」『長野保健医療大学紀要』第9巻, 2023年.より。（6）（7）は，「看護学生の「教育学」講義からの学びについての考察」『長野保健医療大学紀要』第8巻, 2022年.より。

おわりに

　皆さんは，理学療法士・作業療法士・看護師の道を目指して学んでいます。それぞれの国家資格を取得して，患者さんやその家族から「先生」とよばれる立場になります。「先生」とよばれる職業には，高い人格と倫理観が要請されます。

　高い人格と倫理観はどのようにすれば身に付くのでしょうか。それは，学びの姿勢を正すことによって醸成されていくものであると考えます。学びの姿勢が立派であった人物の学びの例を紹介したいと思います。

　幕末の肥前藩（今の佐賀県）に大隈重信という青年がいました。肥前藩の隣の長崎には，オランダとの貿易によって西洋文化が伝わっていました。ここへ幕末の1864（元治元）年，オランダ人フルベッキが，江戸幕府の招きにより長崎奉行所の中にある済美館で教え，さらに肥前藩の致道館にも出講するようになりました。このフルベッキ先生のもとに熱心に通ったのが，後に内閣総理大臣となる大隈重信でした。

　フルベッキは日本と日本人をこよなく愛し，ほぼ40年にわたって日本に住み，日本で亡くなりました。フルベッキが教育に情熱を傾けるようになったのは，教えを受けに来た青年たちの真摯で礼儀正しく，熱心な学習態度に心を動かされたからでした。西洋文化を貪欲に吸収しようとする若者たちの熱意に動かされたのでした。そして，宣教師としてではなく，教育者として生きる道を選んだのです。

　フルベッキは後に開成学校（今の東京大学）の教頭をつとめました。誠実で高潔であったことが，信頼される所以であったといわれます。

索　引

用　語

【あ行】

アセスメント　110
医学教育　12, 74
生きる力　38, 39, 41, 118
いささか　58, 59, 117
意志・意志力　23, 25, 26, 27, 40,
　　41, 42, 46
意思決定　24
醫箴　54, 55, 74
一斉指導　88, 89, 90
いろは歌　35
氏より育ち　14

【か行】

外発的動機づけ　45, 46
科学的思考　106, 108
学習指導要領　39
学習評価　112
学力の三要素　39, 40
掛図　44, 89, 90
学校教育　12, 18
学校教育法　12, 39
家庭教育　12, 30, 31, 34
考える葦　18, 22, 25
看護教育　12, 92
義務教育　12
教育課程　39, 114
教育基本法　12, 34, 40
教育内容　12, 88
教育博物館　13, 80, 82, 84
教育評価　114
教育方法　12, 43, 44, 56, 89
教育目的　12
教育目標　12, 114
教育理念　12, 42

教養教育　16
グループ学習・グループ指導　41,
　　88, 90, 91, 94, 119, 120
高等教育　12
個人学習・個別指導　88, 89, 119,
　　120

【さ行】

作業療法教育　12, 92
資質・能力の三つの柱・学びの三
　　つの柱　38, 39, 41, 118
自主性　43
実学　65
実学思想　62, 65, 68, 69
実物　13, 44, 65, 81, 83, 84, 85, 86,
　　90, 123
実物教育　84, 85
自発性　42, 43
自律性　43
社会教育　12
社会教育法　12
社会貢献　39
社会的動物　22, 96
習慣　35, 47
十七条の憲法　50, 51, 52, 53, 117,
　　118
生涯学習　40
情操　23, 24, 26, 27
情操教育　26
情動　24, 26, 27
情報化　38
職業教育　12, 16
初等教育　12, 88
人権　39
生徒指導　102

125

世界図絵　44
積小為大　63, 66
絶対評価　112
善悪一如　52
前頭前野　24, 26, 27, 28, 40, 41
相対評価　111

【た行】
知覚　23, 27
知行合一　72, 77
知識　17, 23, 25, 27, 28, 38, 39, 40,
　　　45, 46, 73, 85, 86, 95, 108, 109,
　　　113, 118, 119, 120, 122
知能　23, 27, 40
中央教育審議会　38
中等教育　12
直観　43, 44, 45, 47, 85
直観教授　43, 44, 90
寺子屋　63, 64, 88, 89, 90

【な行】
内発的動機づけ　45, 46
日本国憲法　12
人間性　22

【は行】
発達段階　12, 24
ヒポクラテスの誓い　54, 55, 74
普通教育　12
物心一如　82, 85
平和記念像　2
ポートフォリオ　114
偏差値　111, 112
報徳思想　65

【ま行】
三つ子の魂百まで　13, 31
無知の知　72, 73, 77

【や行】
幼児教育　12, 34, 35

【ら行】
理学療法教育　12, 92
倫理観　39, 124
ルーブリック　114, 115
練習　46, 47
論理的思考　106, 108

人　名

【あ行】
アインシュタイン　96
アストン（W.G.ASTON）　51, 52,
　　　56
アリストテレス　22, 72, 96
稲盛和夫　70
上杉鷹山　95
内村鑑三　68
エマーソン　97
江本秀斗　54
大浦猛　4

大隈重信　69 95, 124
大槻真一郎　76, 78
岡田良一郎　67

【か行】
貝原益軒　47, 54, 55, 56, 57, 58, 59,
　　　74, 116, 117
川島隆太　28
唐澤富太郎　4, 13, 17, 80, 81, 82,
　　　83, 84, 85, 122, 123
カント　12, 13, 98

北村西望　2
倉橋惣三　34
ゲーテ　97
小泉信三　47
幸田文　98
コペルニクス　95
コメニウス　43, 44, 89

【さ行】

西郷隆盛　95
サッチャー　96
シェイクスピア　97
篠原助市　19
司馬遼太郎　94
渋沢栄一　68, 69, 96
周恩来　98
聖徳太子　4, 50, 51, 52, 53, 117,
　　118
スコット　90
世阿弥　57
ソクラテス　16, 22, 72, 73, 77, 97

【た行】

高田豊寿　100, 101, 102, 106, 108
トインビー　98
道元　57, 82
時実利彦　13, 19
富田高慶　64, 65
豊田佐吉　69
トルストイ　98

【な行】

中村元　53
夏目漱石　23, 96
西田幾多郎　82, 97
二宮尊徳　62, 63, 64, 65, 66, 67,
　　121, 122
ネルソン・マンデラ　99
野口英世　32

【は行】

パスカル　18, 22, 25
ヒポクラテス　23, 54, 55, 72, 74,
　　75, 76, 78
福沢諭吉　98
福住正兄　65
プラトン　72, 74, 97
フランクリン　22
ブルーム　112
フルベッキ　124
ペスタロッチ　43, 44, 90
ホイジンガ　22

【ま行】

前田多作　2, 3, 5
松下幸之助　69
宮本武蔵　97
村井実　15, 19, 72

【や行】

山上憶良　35
吉田松陰　95

【ら行】

ルソー　30, 44, 96
レオナルド・ダ・ヴィンチ　98

【著者】土井 進（どい すすむ） 昭和23年富山県生まれ

淑徳大学客員教授・長野保健医療大学大学院保健学研究科非常勤講師
東京教育大学大学院教育学研究科修士課程修了　教育学修士
東京都社会教育指導員，社会教育主事補，東京都中学校教諭，お茶の水
女子大学附属中学校教諭，同文教育学部非常勤講師，信州大学教育学部
附属教育実践研究指導センター助教授，同附属教育実践総合センター長，
同教育科学講座教授，同大学院教育学研究科教授，同附属松本小学校長，
淑徳大学人文学部特任教授などを歴任。
平成6年から学校週5日制の休業土曜日に対応した地域連携活動「信大
YOU遊サタデー」を主宰し，教師を目指す学生が，地域の子どもたちと
の体験活動を通して実践的指導力の基礎を身につける取り組みを全国に先
駆けて実施。現在も「全国フレンドシップ活動」として引き継がれている。

理学療法士・作業療法士・看護師を目指す人のための
教育学入門

2025年3月31日　初版第1刷発行

著　者　土井 進
発行者　佐々木 隆好
発行所　株式会社ジダイ社
　　　　〒330-0064
　　　　埼玉県さいたま市浦和区岸町4-17-1-204
　　　　TEL 048-711-1802　FAX 048-711-1804

印刷・製本　　モリモト印刷株式会社

ISBN978-4-909124-64-7
Printed in Japan

本書の一部または全部について個人で使用する以外，無断で複製，転載
することは禁じられています。乱丁・落丁本はお取り替えいたします。